CW01426337

Intelligenza Emotiva

Come gestire le emozioni, risolvere i conflitti e migliorare qualsiasi relazione

(*Comunicare Meglio*, Volume 1)

Giulia Nobili

Indice dei contenuti:

3

Introduzione

Chiunque può arrabbiarsi: questo è facile.
Ma arrabbiarsi con la persona giusta, e nel grado
giusto, ed al momento giusto, e per lo scopo giusto, e
nel modo giusto: questo non è nelle possibilità di
chiunque e non è facile.
Aristotele, *Etica Nicomachea*

Viviamo in un'epoca in cui, come mai è accaduto nella storia, siamo costantemente in contatto con i nostri simili: se un nostro antenato, centocinquant'anni fa, poteva incontrare durante la sua giornata un numero certamente ristretto di persone – con alcune rare eccezioni – oggi possiamo invece vantare una pressoché *illimitata* interconnessione con i nostri cari, gli amici, i conoscenti e persino persone mai viste prima, che probabilmente non varcherebbero amichevolmente la soglia di casa nostra. Questa peculiarità del nostro tempo comporta una vasta serie di vantaggi, sia offline che online, oltre a una lunga lista di etichette a cui attenersi, considerazioni da fare, pensieri da mettere in ordine, affinché si possa garantire un certo grado di tranquillità emotiva sia per noi stessi che per gli altri.

Accade spesso, però, che questa imperturbabilità non sia in parte o del tutto compresa. Perché essere gentili con qualcuno che non diventerà mai nostro amico? Oppure, più in generale: perché prendersi la briga di essere gentili con uno sconosciuto? Perché, in un mondo così violento e ingiusto, dovremmo mostrare le nostre sensibilità ad altri?

Non si tratta di un discorso a senso unico, in cui la chiave finale è sempre la stessa – essere una persona *migliore* (migliore rispetto a chi? a che cosa?) – bensì di accedere a una comprensione che potremmo definire globale del nostro essere umani, accettarci come persone dotate di emozioni e sentimenti. Ma a che cosa ci stiamo riferendo esattamente?

È all'*intelligenza emotiva* che stiamo alludendo, una capacità non intrinseca all'uomo, ma facilmente accessibile con costanza, impegno ed empatia: l'argomento cardine di questo libro sarà la trattazione di questa abilità, la sua definizione e la sua analisi sotto molteplici punti di vista.

Si tratteranno progressivamente diverse tematiche: come riuscire ad acquisire e aumentare questa attitudine; il suo rapporto con le emozioni e il modo in cui queste possono influenzarla; come regolare l'empatia in base alle reazioni altrui. Infatti, solo per fare un esempio, anche l'empatia può essere coltivata e appresa attraverso l'esperienza.

Una domanda che potrebbe sorgerti spontanea è: "Che cosa significa *capire le mie emozioni*?". Questo è un dubbio che si presenta al momento giusto. Quando affermiamo di voler *comprendere le nostre emozioni* non intendiamo farlo in senso letterale. In parole povere, se mi sento arrabbiato allora vuol dire che lo sono. Affidarsi all'intelligenza emotiva significa fare un passo ulteriore, riflettere sul perché ti senti come ti senti e sul modo migliore per mediare le emozioni negative.

Facciamo una prova: chiediti e cerca di identificare quali sono i motivi che ti fanno sentire triste, malinconico o semplicemente un po' giù. Che cosa può aver causato queste emozioni? Si tratta di qualcosa di ovvio, di facilmente identificabile? Si tratta di qualcosa che puoi risolvere immediatamente oppure è qualcosa di fisiologico?

Spesso le persone provano sensazioni che non riescono a comprendere, si sentono in difficoltà ad assimilare con esattezza un'emozione oppure provano una combinazione di più sentimenti che rende difficile identificare come ci si sente veramente.

Proponiamo ora, a scopo esemplificativo, una situazione in cui ti sarai trovato almeno una volta: durante una cena tra amici o a una festa vieni presentato a qualcuno di nuovo, che non conosci. Come reagisci? Qual è la prima cosa che fai? Molto probabilmente, anche solo per pochi istanti, ti senti spaesato, devi fare una pausa, rimani come bloccato, perché non sei sicuro di ciò che provi riguardo al nuovo contesto che si è appena venuto a creare. Questa è una situazione ideale per applicare l'intelligenza emotiva. Ti prendi il tuo tempo e identifichi come ti senti veramente riguardo a una questione particolare, a un avvenimento specifico, a un episodio che potrebbe anche apparire insignificante, ma che in realtà è una parte fondamentale per la tua vita.

Per sviluppare questa capacità, quando accade qualcosa, lo dobbiamo subito immagazzinare nella nostra memoria, soffermandoci sia sui sentimenti che proviamo in reazione a quel determinato fatto, sia su quanto verrà da noi percepito successivamente, nel momento in cui mettiamo a fuoco l'accaduto. È molto utile e si presta al nostro obiettivo mettere nero su bianco questi pensieri, così da poterli indagare approfonditamente, quasi sezionare. Inoltre, ciò ci aiuterebbe a determinare una regola essenziale e semplice, ma fondamentale, per svolgere tutte queste operazioni: bisogna trattare gli altri come *tu* vorresti essere trattato.

Avrai rapporti decisamente più proficui se ti fermerai a pensare "Di che cosa ha bisogno la persona che mi trovo davanti in questo momento?" invece di basare la tua reazione unicamente su come ti *senti*, su ciò che provi tu in quel preciso istante. Come ci insegna il principio logico del Rasoio di Occam: la risposta più elementare è quella giusta.

L'intelligenza emotiva: che cos'è?

L'intelligenza emotiva è la capacità di essere consapevoli, di controllare ed esprimere le nostre emozioni e di gestire le relazioni interpersonali in modo empatico e giudizioso. Più semplicemente, l'intelligenza emotiva è l'abilità di comprendere le proprie emozioni e di essere empatici con le emozioni degli altri. È stata anche definita come la capacità di monitorare le proprie emozioni e quelle altrui, di saper discriminare le diverse emozioni e di etichettarle in modo appropriato, utilizzando le informazioni emotive acquisite nel passato per guidare nel migliore dei modi possibili il pensiero e il relativo comportamento.

Acquisire o possedere questa capacità è estremamente importante poiché ti consente di entrare in empatia con gli altri, di comunicare in modo efficace e di essere più consapevole di te stesso, sia individualmente che socialmente. Il modo in cui rispondiamo a noi stessi e alle altre persone influisce in qualsiasi ambito della nostra vita: dalle relazioni interpersonali a quelle domestiche, a quelle sul posto di lavoro.

Vivere nel mondo di oggi, in questa epoca storica, significa interagire con molti tipi diversi di persone, con costanti innovazioni e cambiamenti quasi all'ordine del giorno: avere un'intelligenza emotiva sviluppata è il punto di partenza per rispondere con successo alle sfide che la vita ti pone davanti. Inoltre, tale abilità è una componente chiave della compassione e della comprensione delle ragioni più profonde alla base delle azioni altrui.

Il concetto di intelligenza emotiva è stato trattato per la prima volta nel 1990 da due psicologi statunitensi, Peter Salovey e John D. Mayer, ed è stato successivamente approfondito dallo psicologo Daniel Goleman, che lo rese celebre attraverso un importante lavoro di divulgazione a partire dal suo libro *Emotional intelligence*, tradotto in Italia con il titolo *Intelligenza emotiva* nel 1997.

L'intelligenza emozionale è particolarmente importante quando una persona si viene a trovare in una condizione di stress, quale può essere un cambiamento, un conflitto o un ostacolo (per esempio, un litigio con un caro amico): durante questi momenti è fondamentale ricordare di praticare atti di gentilezza. Essere a stretto contatto con le nostre emozioni può aiutarci in questa missione.

Questa capacità ti permette di essere consapevole di te stesso e delle tue emozioni affinché tu possa prendere decisioni coerenti e favorire risultati e relazioni positive, appaganti e potenzianti; è un metro di misura con cui capire quanto bene ci esprimiamo, come comprendere gli altri e interagire con essi.

L'intelligenza emotiva: perché è importante?

Una mattina apri gli occhi e ti ritrovi stanco, ti senti invecchiato d'un colpo.

Hai lavorato faticosamente per tutta la vita e ti sei conformato alle rigide aspettative della società, inserendoti perfettamente in una granitica struttura. Essendo intelligente e sveglio, sei passato rapidamente ai piani alti dell'azienda in cui hai iniziato a lavorare sin da giovane, scalando rapidamente i gradini e battendo la concorrenza. Ora che sei arrivato alla pensione, ti ritrovi benestante ma solo.

Per colpa del tuo lavoro, al quale ti sei dedicato ossessivamente per molto tempo, hai trascurato tua moglie, che ha chiesto e ottenuto il divorzio. Lentamente sei diventato un estraneo anche per i tuoi figli: i contatti con loro sono rari e sporadici. Le riunioni di lavoro hanno richiesto tutto il tuo tempo e ti sei perso gli eventi più importanti della loro vita: un meeting per un saggio di danza, un incontro di rappresentanza per un matrimonio. Dieci anni fa è venuto a mancare il tuo migliore amico. Era passato quasi un decennio da quando lo avevi sentito l'ultima volta. Hai scoperto della sua morte solo dopo molto tempo, per puro caso.

Guardi che cosa hai realizzato nella tua vita: hai soldi, una casa grande, un'auto elegante. La tua azienda ti ha premiato in svariate occasioni per il tuo lavoro, svolto con costanza e fatica. In tutto questo tempo non hai però coltivato alcuna delle tue passioni, nemmeno un hobby. Non hai imparato a suonare uno strumento musicale o a ballare il tango. Non ti sei avvicinato a una cultura straniera, né hai provato ad apprendere un'abilità artistica o artigianale. Non hai nemmeno mai imparato a cucinare i tuoi piatti preferiti.

Senti il vuoto intorno e dentro di te. Non doveva finire così. Credevi che finché fossi stato sempre vigile e attento, che finché avessi lavorato duramente, la felicità ti avrebbe aspettato alla fine dei tuoi sforzi, come quando all'orizzonte appare l'arcobaleno dopo un terribile temporale.

Hai ignorato i sentimenti fastidiosi relegandoli nella parte posteriore della tua mente, le lamentele della tua famiglia e le chiamate preoccupate di colleghi e amici. Che cosa daresti ora pur di poter risentire quel *"Ci sei, va tutto bene?"* che così tanto disprezzavi?

Guardandoti indietro rivedi le opportunità che ti si sono presentate per la riconciliazione, quelle per creare delle nuove amicizie. Le hai ignorate tutte. Noi umani siamo abituati a considerarci come creature estremamente razionali, ma la felicità e la realizzazione si trovano, che ci piaccia o meno, su un binario completamente differente dalla ragione, quello delle emozioni.

Concentrandoci solo sul perseguire degli interessi economici, sul fare aumentare le cifre del nostro conto bancario, potremmo trascurare lungo la strada cose molto più importanti. Le emozioni, così come il dolore, sono spesso difficili da ravvisare. Inoltre, ugualmente al dolore, si comportano in un modo spesso ambivalente: possono sia segnalare qualcosa di banale, facilmente ignorabile, sia qualcosa di risolutivo nella direzione della propria vita.

L'intelligenza emotiva è la capacità di discernere ciò che determinate emozioni ti stanno cercando di comunicare, di guidare la tua vita in una direzione specifica, in linea con i tuoi obiettivi razionali ed emotivi. Inoltre, ti permette di realizzare quegli obiettivi e di riconoscere le emozioni anche negli altri, così da poter costruire relazioni più forti, profonde e durature.

Se dovessimo fare un paragone automobilistico, potremmo dire che, mentre l'intelligenza da sola ti rende un discreto guidatore, se sei dotato di intelligenza emotiva allora sei un pilota esperto che sa esattamente dove vuole andare con la propria auto.

Insomma, potremmo usare mille e più paragoni e metafore, ma la verità è questa: una persona dotata di intelligenza emotiva si distinguerà da tutte le altre principalmente per il possesso di quattro attributi. Quali sono?

1. *Autogestione*: una persona dotata di intelligenza emotiva è capace di controllare i propri stati d'animo, siano essi impulsivi o meno; sa gestire le proprie emozioni in maniera sana; sa essere propositivo nella propria vita; segue gli impegni prefissi ed è capace di adattarsi se le circostanze mutano o non sono più favorevoli.

2. *Consapevolezza di sé*: l'intelligenza emotiva permette di riconoscere le proprie emozioni e sapere quanto esse influenzano i pensieri giornalieri e i comportamenti; una persona che usa tale qualità riesce a capire quali sono i propri limiti e le proprie debolezze, traendo forza da essi.

3. *Consapevolezza sociale*: una persona dotata di intelligenza emotiva ha empatia; riesce a comprendere le emozioni, i bisogni e le problematiche altrui; prende spunto dalle emozioni delle altre persone, non lasciandosele

sfuggire o prestandoci poca attenzione; si sente a proprio agio socialmente e riesce a riconoscere le dinamiche che possono venire a crearsi in un gruppo o in un'organizzazione.

4. *Controllo delle relazioni*: accrescendo la propria intelligenza emotiva, una persona è in grado di sviluppare e mantenere buoni rapporti con le altre persone; riesce a comunicare chiaramente con esse, a ispirarle e a influenzarle; lavora bene in gruppo e sa gestire correttamente i conflitti.

Come abbiamo potuto appurare nei paragrafi precedenti, l'intelligenza emotiva non è legata a fattori come l'intelligenza, la conoscenza o il successo. Inoltre, è noto a tutti, non sono necessariamente intelligenti le persone che riescono a ottenere soddisfazioni e a ricevere successo.

Riflettendoci un poco sopra, scopriremmo sicuramente che nella nostra cerchia di conoscenze c'è più di una persona legata a una brillante carriera accademica o professionale, ma totalmente inetta per quanto concerne le relazioni sociali, oppure che si considera insoddisfatta delle proprie relazioni interpersonali. Un quoziente intellettivo alto non assicura tutte le soddisfazioni possibili nella vita e deve essere considerato solamente un mezzo: grazie ad esso riuscirai a passare un esame o un concorso, ma sarà l'intelligenza emotiva a venire in tuo aiuto quando sarai troppo stressato per studiare oppure in ansia per il concorso stesso. Sarebbe preferibile la cooperazione dei due diversi tipi di intelligenza: attraverso la loro collaborazione si otterranno risultati davvero efficaci, costruendosi l'un l'altro.

Come l'intelligenza emotiva influenza la tua vita

L'intelligenza emotiva può influenzare le tue prestazioni scolastiche e lavorative: questa abilità può aiutarti a esplorare le gerarchie e le complessità sociali del tuo posto di lavoro, aiutandoti a guidare e a motivare i tuoi colleghi e a salire di grado nella carriera. Per fare un esempio pratico, attualmente molti professionisti dediti alle risorse umane nelle aziende, quando analizzano un curriculum vitae per un posto di lavoro prendono in considerazione e ricercano tra le soft skills la presenza dell'intelligenza emotiva.

La tua salute dipende fortemente dall'intelligenza emotiva: se non sei in grado di gestire correttamente le tue emozioni, probabilmente non sarai nemmeno in grado di riuscire a gestire lo stress. Lo stress, se non affrontato con la giusta cautela e cura, può portare a problemi di salute. Se non controllato, lo stress porta a un aumento della pressione sanguigna, indebolisce il sistema immunitario, aumenta il rischio di ictus e infarti e contribuisce all'acceleramento del processo di invecchiamento. Uno dei primi obiettivi per migliorare la propria intelligenza emotiva, come vedremo, sarà quello di imparare a gestire lo stress.

Lo stress non controllato, per di più, influisce concretamente sulla salute mentale di una persona, rendendola più vulnerabile a malattie come ansia e depressione.

Se non sarai in grado di capire, di essere a tuo agio con o di gestire le tue stesse emozioni, sperimenterai delle difficoltà nello stabilire relazioni forti e durature: queste difficoltà potrebbero farti sentire isolato e aggravare ulteriormente eventuali problemi di salute mentale.

Quando sei in grado di comprendere e controllare le tue emozioni, sei conseguentemente capace di esprimere i tuoi stati d'animo e capire quale sia quello degli altri. Ciò ti consente di comunicare in maniera più efficace e di instaurare relazioni più solide, nel lavoro e nella vita privata.

L'intelligenza emotiva ti aiuta ad allinearti con la tua vita sociale: essere in sintonia con le tue emozioni ha uno scopo prettamente sociale, poiché ti permette di collegarti alle altre persone e al mondo che ti circonda. Ciò contribuirà a farti capire chi è un amico e chi non lo è, oltre a quanto una persona tenga effettivamente a te. Ti aiuterà a ridurre lo stress attraverso la comunicazione sociale con gli altri, facendoti sentire appagato e amato.

Come aumentare la tua intelligenza emotiva

Dopo aver spaziato in lungo e in largo sulla definizione di intelligenza emotiva, ci concentreremo ora su un aspetto, per così dire, più pratico: come aumentarla tramite unicamente te stesso.

Partendo dal presupposto che le abilità che compongono l'intelligenza emotiva possono essere apprese in qualsiasi momento, è importante ricordare quanto, però, può essere sostanzialmente differente conoscere l'intelligenza emotiva e applicare, invece, tale conoscenza alla tua vita. In una situazione stressante, quando sarai sopraffatto dallo stress, sapere di dover fare qualcosa e farlo effettivamente sono due cose diverse: non basta avere le migliori intenzioni per riuscire in un'impresa. Per modificare in maniera permanente i tuoi comportamenti, in modo da riuscire a reagire sotto pressione, è fondamentale imparare a superare lo stress istantaneamente; anche nelle relazioni è necessario rimanere sempre consapevoli delle proprie emozioni.

Le basi su cui costruire e aumentare la propria intelligenza emotiva e migliorare la capacità di gestire le proprie emozioni e connettersi con gli altri sono:

1. *Autogestione*
2. *Consapevolezza di sé*
3. *Consapevolezza sociale*
4. *Controllo delle relazioni*

L'*autogestione* è un fattore cruciale e, per alcuni, estenuante: per poter entrare in contatto con la tua intelligenza emotiva devi essere in grado di utilizzare le tue emozioni e di riuscire a prendere decisioni costruttive per quanto riguarda il tuo comportamento, anche in poco tempo. In caso di stress, per esempio, potresti perdere il controllo delle tue emozioni e la capacità di agire in maniera appropriata e corretta.

Raccogli i tuoi pensieri e cerca di ricordare l'ultimo momento in cui lo stress ti ha sopraffatto: in quel momento, è stato facile pensare in modo chiaro e prendere una decisione in maniera razionale? Probabilmente no. Ma non fartene una colpa: quando sei eccessivamente sottoposto ad alti livelli di stress, la tua capacità di pensare in modo analitico, chiaro e preciso, ponderando e valutando le emozioni sia tue che altrui, viene largamente compromessa.

Un modo utile per affrontare tutto ciò è pensare alle emozioni come se si trattasse di informazioni. Per quale motivo? Beh, le stesse emozioni raccolgono importanti informazioni, appunto, che raccontano di te e di tutti gli altri. Quando siamo stressati perdiamo il controllo di noi stessi e siamo sopraffatti da troppe emozioni, ovvero da troppe informazioni. La capacità di gestire lo stress e di rimanere attivamente presente nella tua sfera emotiva può aiutarti nel ricevere informazioni sconvolgenti senza lasciarti travolgere dai tuoi stessi pensieri, senza mettere k.o. il tuo autocontrollo. Grazie all'autogestione sarai in grado di fare delle scelte che ti consentiranno di controllare comportamenti impulsivi e sentimenti frettolosi, gestire in maniera sana le tue emozioni, portare a termine i tuoi obiettivi e adattarti ai mutevoli cambiamenti presenti nella vita di ognuno di noi. L'autogestione in tre parole chiave? Coscienziosità, adattabilità, autocontrollo.

La *consapevolezza di sé* è un'altra delle chiavi d'accesso per aspirare ad aumentare la propria intelligenza emotiva: se sei consapevole di te stesso, sai quali sono *esattamente* le tue emozioni, sai come possono influenzare le persone intorno a te e sai sempre come ti senti. Avere consapevolezza di sé stessi implica avere un quadro preciso dei propri punti di forza e di debolezza: sapendo con esattezza come sei, riesci a comportarti con saggezza e umiltà.

Potremmo riassumere la consapevolezza di sé stessi con tre concetti: consapevolezza emotiva, autovalutazione, fiducia in sé stessi. Spesso tendiamo a suddividere le emozioni in due macro-categorie: emozioni positive ed emozioni negative. Tuttavia, è sbagliato pensare alle emozioni come a due poli opposti. Dovresti tentare di pensare a esse utilizzando il concetto di appropriato o non appropriato.

Per essere più chiari: la rabbia è solitamente associata alla grande macro-categoria delle emozioni negative; ciononostante, in determinate circostanze, può essere un'emozione del tutto appropriata e ragionevole; sarà l'intelligenza emotiva a consentirci di riconoscere la nostra rabbia e di capire perché essa si verifica.

Una verità universalmente riconosciuta: l'uomo è un animale sociale. Poiché siamo costantemente in contatto con gli altri, dobbiamo imparare a conoscere e riconoscere le persone: la *consapevolezza sociale* permette di identificare e interpretare i principali segnali non verbali che gli altri usano per comunicare. Questi segnali permettono di capire come gli altri si sentono, cosa stanno provando, il loro stato emotivo e le variazioni di quest'ultimo nel corso della conversazione. In una situazione in cui sono presenti più persone, queste inviano segnali non verbali; se sei in grado di riconoscerli e di comprendere le dinamiche di gruppo e le esperienze emotive collettive, sarai più empatico e socialmente a tuo agio.

L'empatia è la consapevolezza dei bisogni e dei sentimenti altrui, individuali e collettivi; è la capacità di vedere le cose dal punto di vista dell'altro. Ci permette di sviluppare una maggiore comprensione per quanto riguarda le vicissitudini altrui. Non è un'abilità semplice da imparare: dovrai essere molto paziente. Impara ad ascoltare in modo efficace i messaggi sia verbali che non verbali, i gesti, le espressioni e i movimenti del corpo degli altri. Fai domande per scoprire di più sulle altre persone e su che cosa stanno provando. Cerca di fare lo stesso a tua volta, così da dare agli altri un feedback: quello di aver compreso correttamente i loro sentimenti. Rispetta, anche se non sei d'accordo, i sentimenti altrui, ed evita di fare commenti o affermazioni che siano sminuenti, giudicanti o che attentino alla consapevolezza di altri.

Ricorda sempre che prestare attenzione ad altri non sminuisce la consapevolezza di te stesso. Anzi, è l'esatto opposto! Investendo il tuo tempo nell'attenzione verso altre persone, otterrai più informazioni sul tuo stato emotivo, nonché sui tuoi valori. Durante una discussione di gruppo, per esempio, se dovessi sentirti a disagio nel sentire gli altri esprimere determinate emozioni, avrai imparato qualcosa in più su di te. Comprensione, sviluppo e comunicazione sono tre parole chiave per quanto riguarda la consapevolezza sociale.

Lavorare bene con un gruppo di persone implica che tu abbia una buona consapevolezza emotiva di te stesso e che tu riesca a riconoscere e a comprendere ciò che vivono emotivamente le persone intorno a te. Una volta che la consapevolezza emotiva fa parte di te, puoi correttamente sviluppare ulteriori abilità sociali ed emotive che renderanno le tue relazioni più fruttuose, efficaci e appaganti. Il *controllo delle relazioni* riguarda le tue effettive capacità comunicative interpersonali: la parola controllo è legata alla tua individualità; si tratta della tua capacità di ottenere il meglio dagli altri, di influenzare e ispirare le persone, di come riesci a costruire legami con loro e ad aiutarli nei loro cambiamenti, nella crescita e nel risolvere conflitti, che siano interiori o meno.

Quasi tutto ciò che ottieni nella vita sarà il risultato delle persone che avrai incontrato lungo la strada e delle relazioni che avrai instaurato con loro. Imparare ad apprezzare il conflitto con gli altri è un'ulteriore opportunità per avvicinarti a loro. Nelle relazioni umane

26

sono inevitabili disaccordi e conflitti: due persone non potranno mai avere gli stessi pareri, le stesse esigenze e le stesse aspettative, ma ciò non deve essere considerato un fattore necessariamente negativo. Affrontare il conflitto e risolverlo in maniera sana e costruttiva può ulteriormente rafforzare il legame tra due persone.

Pensa alle tue interazioni con gli altri e al diverso modo con cui comunichi durante incontri rilassanti o stressanti: sii onesto con te stesso e identifica i tratti di comunicazione positivi e negativi che possiedi. Fai uno sforzo per ridurre quelli negativi e accrescere quelli positivi. Alcune volte, però, avrai a che fare con persone che, nonostante tutti i tuoi sforzi, semplicemente non si dimostrano compatibili con te: in questi momenti non avrai altra scelta e dovrai interagire con loro, specialmente se ti trovi in un ambiente di lavoro. Nonostante sia difficile e richieda molta fatica, non evitare le occasioni che ti costringono a interagire con questa persona; fanne tesoro e ricerca con costanza questi momenti.

Affronta le situazioni a testa alta usando le tue abilità: la tua autoconsapevolezza, la tua autogestione e il tuo controllo delle relazioni. All'inizio potresti sentirti a disagio, ma con il passare del tempo diventerà sempre più facile. Ricorda che un rapporto è sempre a metà: tu sarai la metà di qualsiasi tua relazione nella vita, sia personale che professionale. La responsabilità di mantenere una relazione positiva e duratura dipende in ogni caso da te, almeno al 50%. L'odierna tecnologia ha reso molto più facile comunicare con chiunque vogliamo, ovunque si trovi, e in qualsiasi momento del giorno. Nonostante questo massiccio aumento della connettività, gli schermi tra di noi sono diventati una barriera per chi vuole conversare in modi di autentica connessione e comprensione. Sembra quasi che la conversazione sia diventata un'arte perduta: possiamo farla rivivere solamente riconoscendone il valore e cercando di praticarla come in passato; la comunicazione è il fulcro primario di come si rafforzano le relazioni.

L'intelligenza emotiva è il nocciolo delle relazioni intime durature, poiché ci rende estremamente consapevoli dei cambiamenti, grandi e piccoli, che si verificano costantemente in noi stessi e negli altri. Se hai intenzione di aumentare la tua intelligenza emotiva, devi riuscire a ottenere quella sensibilità che ognuno di noi cerca nel proprio partner ideale. È solo attraverso l'empatia e la consapevolezza attiva di te stesso che arriverai a percepire automaticamente i piccoli cambiamenti che potranno esserci nelle dinamiche della tua storia d'amore.

Per fortuna hai dalla tua parte un modo a dir poco impeccabile per monitorare esattamente i progressi della tua relazione. Ti senti spesso irrequieto o intrattabile? Ti senti sempre insoddisfatto? Sei infastidito dai tuoi familiari o dai tuoi amici, e devi passare molto tempo insieme a loro? L'amore, così come l'amicizia, non è mai una visione unilaterale.

Se la sera, tornando a casa, non ti senti pervaso da una generale sensazione di felicità, sapendo che a breve rivedrai i tuoi cari, o se non ti senti energico, benevolo e sereno con la tua dolce metà, probabilmente c'è qualcosa che non va: se ciò dovesse accadere, tutte le informazioni che il tuo intelletto e le tue emozioni hanno raccolto su te stesso, sul tuo partner e sulle tue relazioni ti guideranno alla ricerca della soluzione migliore.

Che cos'è l'empatia? Qual è il suo ruolo?

Una mattina il tuo amico Filippo è arrivato in ufficio per una riunione e ha notato che la sua segretaria, Ada, teneva lo sguardo rivolto verso il basso. Sempre allegra, gioiosa e diligente, Ada non ha alzato nemmeno lo sguardo quando lui è entrato, come se non si fosse accorta del suo arrivo. Filippo ha intuito che qualcosa che non andava: dopo aver sistemato i propri oggetti in ufficio, si è diretto verso la scrivania di Ada per capire che cosa le fosse successo. Gentilmente, le si è avvicinato e le ha chiesto se ci fosse qualche problema: Ada ha stretto le spalle e si è limitata a guardarlo tristemente. Filippo ha rincarato la dose: "Vorrei esserti utile. Ti va di venire nel mio ufficio a parlarne?". Ada si è alzata e lo ha seguito.

Che cosa ci insegna questa storia?

Filippo non ha mostrato solamente sensibilità verso Ada, ma anche organizzazione e saggezza lavorativa: ha subito capito che quel giorno non gli sarebbe stato possibile svolgere del lavoro produttivo, a meno che non si fosse occupato delle esigenze e delle problematiche della sua segretaria. Invece di ignorare i segnali di inquietudine di Ada, ha deciso di affrontarli e di usare la sua intelligenza emotiva per aiutarla.

Qualunque sia il problema, ascoltare un dipendente per alcuni minuti ed essere in grado di offrire suggerimenti utili è tempo ben investito, poiché crea fiducia e aumenta la produttività a lungo termine. Dobbiamo sempre aiutare gli altri ad affrontare i loro problemi e andare avanti insieme, come una squadra che si rispetti. Quando ci concentriamo sullo sviluppo di noi stessi, ci concentriamo verso il nostro interno, per migliorare la conoscenza che abbiamo di noi stessi, dei nostri atteggiamenti e comportamenti. Dopo aver prestato attenzione a noi stessi, è fondamentale focalizzarci verso l'esterno, verso gli altri, prestando anche a loro molta attenzione. Dobbiamo osservare attentamente con i nostri occhi e ascoltare con le nostre orecchie.

L'*empatia* è l'incredibile capacità di ricreare la prospettiva di un'altra persona, di sperimentare il mondo dal suo punto di vista, indossando i suoi panni. Tale abilità implica che una persona riesca a effettuare un cambio di prospettiva, ad assumere il punto di vista dell'altro. L'empatia include, inoltre, che si vada a creare una dimensione affettiva tra te e l'altra persona: proviamo – o almeno tentiamo di provare – gli stessi sentimenti che hanno gli altri.

Mostrare empatia richiede uno sforzo maggiore del mostrare semplicemente simpatia verso qualcuno: richiede molto più tempo e più impegno. Dobbiamo ricordare come ci siamo sentiti quando abbiamo vissuto circostanze simili, o immaginare come ci saremmo potuti sentire se avessimo vissuto questa esperienza di persona. Ci dobbiamo sforzare di ricordare in che modo ciò ha influenzato il nostro lavoro e le nostre relazioni.

L'empatia è un'inclinazione, mentre l'intelligenza emotiva si può sviluppare attraverso la pratica e l'immersione, la comprensione, la capacità analitica e la considerazione. Una persona può essere dotata di empatia eppure peccare completamente di intelligenza emotiva: in questo caso avrebbe un'innata capacità di immaginare come si sente qualcun altro, ma allo stesso tempo avrebbe grossi problemi nel sapere come agire correttamente su di essa per ottenere un risultato positivo. Essere empatici significa che, se una persona è in ansia per una sua presentazione o un suo nuovo e importante progetto di lavoro, anche tu provi la sua ansia.

Per comprendere meglio il ruolo dell'empatia, immaginiamoci un iceberg: le persone intorno a noi sono le punte di quell'iceberg. La porzione visibile è ciò che noi *vediamo* nella vita di tutti i giorni; quella sottostante, sommersa, è invece ciò che le persone *provano*. Noi dobbiamo tentare di riuscire a percepire ciò che è *sommerso* nella vita delle persone.

L'empatia fa parte, come concetto e capacità, della categoria della consapevolezza sociale: senza l'abilità di riuscire a comprendere ciò che sta provando un'altra persona, la nostra relazione con essa rimane superficiale, frivola e approssimativa, senza la profondità e la ricchezza che si verificano quando invece condividiamo una connessione emotiva.

Una vita senza empatia significa un miliardo di opportunità perse. Senza empatia, le persone tendono a vivere non considerando come si sentono gli altri o che cosa potrebbero pensare nella loro quotidianità. Ognuno di noi, com'è giusto che sia, ha differenti prospettive. Tutti sperimentiamo felicità, ansia, tristezza, gioia, dolore, allegria e malinconia. E sarebbe davvero riduttivo se ci limitassimo a guardare solo la nostra prospettiva.

Come riuscire a essere più empatici nella vita di tutti i giorni

Ecco alcune semplici regole da seguire per riuscire a migliorare la propria empatia nella vita quotidiana:

1. *Mettiti nei panni dell'altra persona*

Quando siamo del tutto estranei a una qualsiasi situazione, è facile commentare e dare giudizi in merito. La maggior parte delle volte ci ritroviamo a dire frasi come: "Non mi sembra un problema così difficile", "Non capisco perché ti senti in questa maniera" oppure "Stai reagendo in maniera eccessiva".

Dovremmo fare uno sforzo e metterci nei panni dell'altra persona per riflettere un po'. Forse sta subendo grandi dolori e si trova in difficoltà. Forse, in un altro settore della propria vita, sta vivendo profonde problematiche, oppure ci sono problemi legati al suo passato che l'hanno portata a comportarsi in questo modo. Se non conosciamo i dettagli completi delle problematiche degli altri, come possiamo trarne una conclusione?

Immagina di essere quella persona e di stare affrontando quel problema in questo momento: cerca di capire le cose dalla sua prospettiva. Questo ti permetterà di connetterti in maniera ottimale con le sue emozioni e con il suo punto di vista.

2. *Mostra la tua cura e la tua preoccupazione*

Quando qualcuno ti confessa un problema personale, è probabile che non si senta del tutto bene e che abbia bisogno del tuo conforto e del tuo supporto emotivo. In quel momento dovrai mostrare tutta la tua cura e la tua preoccupazione. Basterà, per iniziare, anche un semplice "Come stai?" per mostrare il tuo interesse. "C'è qualcosa che posso fare per te?" è un altro ottimo modo per mostrare il tuo supporto verso l'altra persona.

Se sei in confidenza, puoi chiedere all'altro di parlare al telefono, chiamandolo tu, o di incontrarvi per un caffè o una cioccolata calda. Questo farà una grande differenza. Se la persona che soffre è il vostro partner, abbracciatelo e fategli capire che voi siete lì per lui/lei.

3. *Riconosci le emozioni dell'altro*

Nella comunicazione odierna uno dei problemi maggiori, per quanto riguarda la comunicazione, è che molte persone non riescono a riconoscere i sentimenti degli altri. Che cosa significa questo? Riconoscere i sentimenti di una persona significa riconoscerne l'importanza.

Per esempio, uno dei vostri amici potrebbe dire: "Ah, oggi sono molto arrabbiato con Michele." Riconoscere il sentimento di questa persona significa chiedergli "Perché sei arrabbiato?" oppure dire "Mi dispiace che tu ti senta così. Che cosa è successo?". Quando una persona esprime un'emozione, e chi lo ascolta si limita a rispondere con "Rilassati" oppure con "Non mi sembra un grosso problema", sta semplicemente allontanando da sé quell'emozione.

Quando usi frasi del genere o cerchi di evitare l'argomento, non stai riconoscendo, né tantomeno *rispettando*, le emozioni dell'altra persona. Devi pensare alle emozioni come a dei grandi e fondamentali punti di connessione in una conversazione. Il modo in cui rispondi a un'emozione è fondamentale per far capire all'altra persona se continuare a condividere con te quell'emozione o se chiudere la conversazione. Quando qualcuno esprime un'emozione con te ("Sono arrabbiato", "Sono triste"), riconosci l'importanza della sua emozione e chiedigli il motivo del perché questo stato d'animo sia presente.

4. *Fai delle domande*

Le domande portano avanti le conversazioni e si basano in gran parte su di esse. Quando qualcuno ha il coraggio di aprirsi parlando di un problema personale, e condivide con te le proprie emozioni, porgergli delle domande lo ncoraggia a condividere di più. Rifletti su quello che la persona ti ha appena detto e fai a lei domande pertinenti e significative.

Supponiamo che Mario, tuo amico di lunga data, ti confidi che ha appena lasciato la sua storica fidanzata, Lavinia. Domandare "Cosa è successo?", "Stai bene?" oppure "Per quale motivo è successo?" potrebbe aiutarlo ad aprirsi e a confidarsi con te. Chiedigli ulteriori informazioni, dicendo lui che vorresti saperne di più per poterlo aiutare ad affrontare al meglio tale situazione. Lui sarà ben disposto e si sentirà compreso e accettato, quando saprà che tu vorrai saperne di più.

Al contrario, rispondere con delle osservazioni anonime e noncuranti, come "Capisco, spero che tu possa riprenderti presto", "Lasciarsi è normalissimo" oppure "Pensa a riposarti in un momento del genere", non solo non è assolutamente d'aiuto per il vostro amico, ma per di più gli impedirà di aprirsi ulteriormente con te.

5. *Sii come uno specchio*

Nella vita di tutti i giorni, scambiando dei semplici messaggi con amici e conoscenti, quante volte ci rattristiamo quando, dopo aver scritto un papiro di svariate righe per spiegare una nostra problematica interiore, ci viene risposto a monosillabi, oppure con un breve testo di sole due righe? Accade lo stesso agli altri quando, dopo che hai letto un messaggio dal contenuto profondo, decidi di rispondere solo con "Capisco" oppure con "Ok". La tua risposta è chiusa, non apre a nulla, non porta a nulla, mentre l'altra persona si sta aprendo molto e sta cercando un confronto. Tra voi due non si crea sintonia, siete su due frequenze sbagliate.

A questo però si può facilmente rimediare. In situazioni simili, molto comuni nella vita di tutti i giorni, bisogna ricorrere alla tecnica dello specchio. Di che cosa si tratta? La tecnica dello specchio è una tecnica con cui si imitano i segnali non verbali di qualcuno – gesti, espressioni, comportamenti o atteggiamenti – per riuscire a costruire un rapporto. L'obiettivo non è quello di copiare qualcuno, bensì di usare tale abilità per costruire un rapporto. Per esempio, se Filippo condivide con te un fatto personale, potresti ricambiare condividendo a tua volta un fatto personale (ovviamente, deve essere qualcosa di pertinente). Usando la tecnica dello specchio, devi regolare il tuo comportamento in base a quello degli altri, al loro tono e all'atmosfera generale della conversazione.

Tu e Filippo vi vedete per un caffè in mattinata e lui, parlando di un fatto personale, distoglie lo sguardo per la vergogna? Semplice: distoglilo anche tu!

6. *Non affrettarti troppo nella conversazione*

Un grosso errore che le persone commettono spesso quando un loro amico o un conoscente sta condividendo un problema è che saltano, di punto in bianco, alla parte finale della conversazione. Ipotizziamo che la tua amica Paola ti dica di essere appena stata licenziata. Tu decidi di risponderle "Capisco. Spero che tu riesca a trovare presto un altro lavoro". Questa risposta è sbagliatissima. Perché? Che cosa c'è di sbagliato? In primo luogo, Paola – o qualsiasi altra persona si trovi nei suoi panni– potrebbe sentirsi ferita e demoralizzata. La cosa più empatica che tu possa fare in questo momento, e che bisogna fare sempre come primo step, è assicurarti che l'altra persona si senta capita. Inoltre, il mercato del lavoro non è attualmente in una delle situazioni più rosee. Rispondere a Paola che presto troverà un altro lavoro equivarrebbe a rigirare il coltello nella piaga, poiché potrebbe ricordarle l'incertezza che l'aspetta.

Proviamo a riavvolgere il nastro. Che cosa potrebbe aiutare veramente Paola? Ciò che potrebbe aiutarla per davvero è che tu, in primis, riesca a connetterti con il suo stato emotivo; secondariamente, dovresti riuscire a smuoverla, facendole delle domande e incoraggiandola. Per quanto riguarda l'esempio di Paola che perde il lavoro, un ottimo modo per avvicinarsi alla conversazione sarà porre le seguenti domande, in quest'ordine:

"Mi dispiace che ti sia accaduta una cosa simile. Che cosa è successo?";

"Come ti senti adesso?";

"Quali sono i tuoi piani per il futuro?". Se sta già cercando un altro lavoro, puoi usare: "Che tipo di lavoro stai cercando?".

A seconda del vostro scambio di battute, puoi inserire altre domande nella conversazione.

Procediamo con un altro esempio: Paola è stata appena lasciata da Filippo, dopo due anni di relazione. Dirle "Sii felice perché ora puoi fare quello che vuoi" non è la risposta giusta; non è sensibile poiché minimizza il dolore dell'altra persona. Fai delle domande più specifiche, invece, e cerca di concentrarti sull'altro: piuttosto che chiedere "Come ti senti?" o "Stai bene?", prova con "Vuoi parlarne?" o "Che cosa è successo?", poiché queste due ultime domande potrebbero aiutare momentaneamente ad allontanare dal dolore.

Anche se tu fossi armato delle migliori intenzioni al mondo, dire a qualcuno di essere felice difficilmente lo renderà tale; anzi, questo rivelerebbe quanto poco stai riconoscendo il suo dolore. Stai negando la sua sofferenza e lo faresti sentire in difetto, come se il suo dolore non fosse giustificato o reale. Cerca di rallentarti e sintonizzati sulla frequenza dell'altra persona, senza affrettarti per giungere alla conclusione della conversazione. Mettiti nei panni degli altri e cerca di capire come si sentono.

7. *Non giudicare mai*

Regola fondamentale: il giudizio annienta qualsiasi conversazione, interrompendola per sempre. Vale la stessa regola per il pregiudizio, il quale implica semplicemente che stai formulando una tua opinione riguardo un evento, una persona o una situazione prima di aver ricevuto informazioni fondamentali a riguardo.

Per fare un esempio, supponiamo che il tuo amico Mario abbia litigato con il suo capo per un motivo futile e tu pensi che abbia ragione il suo capo poiché il tuo amico è spesso soggetto a sfuriate di rabbia. Oppure, tua cugina Flavia è stata bocciata all'esame di diritto penale e tu immagini che sia accaduto perché non ha studiato abbastanza. È possibile che Flavia abbia avuto dei problemi familiari che l'hanno portata a tralasciare lo studio per occuparsi della famiglia. Lo stesso può valere per il tuo amico Mario. La maniera migliore per affrontare qualsiasi situazione è non giudicare. Devi sempre dare alle persone il beneficio del dubbio. Tutti noi, nella nostra vita, siamo sommersi da problematiche e situazioni scomode, affrontiamo ansie a paure: siamo tutti uguali; tutti ci sforziamo di fare il meglio per le nostre vite. Quindi, perché giudicare gli altri?

8. *Mostra sempre il tuo supporto emotivo*

Ultimo, ma non di certo meno importante, è mostrare il proprio supporto emotivo. Che cosa s'intende con ciò? Sembra molto semplice, apparentemente: dona alle persone supporto emotivo, dimostrati generoso e sii traboccante di fiducia e disponibilità. Incoraggia i tuoi amici e i tuoi conoscenti. Fagli capire che, nonostante tutto quello che ci accade e che potrà accadere in futuro, tu gli coprirai sempre le spalle. È questo che i veri amici fanno. Dì loro: "Qualunque cosa accada, io ci sono per te". Delle volte, in situazioni complicate, tutto quello di cui gli altri hanno bisogno è un po' di conforto, non risposte o soluzioni. Le persone accanto a te potrebbero avere solamente bisogno di supporto ed empatia.

In un mondo come il nostro, pieno di incertezze, dolore e paura, è fondamentale che ci sia ancora qualcuno che riesca a dimostrare agli altri affetto, fiducia e considerazione, senza alcun pregiudizio. Quella persona potresti essere proprio tu.

Tutto questo è una grande fortuna, non credi? Perché aspettare ancora? Questa abilità ha permesso ai nostri antenati, milioni di anni fa, di cooperare per la sopravvivenza comunitaria e ha contribuito allo sviluppo della comunicazione, permettendo alla nostra specie di espandersi e di creare concetti come collettività, gruppo e unione. Non dimentichiamocene.

Una verità assoluta, dalla quale non si può prescindere, è che l'empatia richiede un grande sforzo mentale: si tratta di indossare i panni di qualcun altro, cosa che, seppur metaforicamente, non è certo di poco conto. L'empatia, come abbiamo visto, può essere incoraggiata. Vediamo un ultimo esempio.

Due università statunitensi hanno tenuto una serie di esperimenti in cui mostravano a delle persone, singolarmente, due mazzi di carte, raffiguranti volti di bambini rifugiati. Poi si chiedeva loro di scegliere da quale mazzo preferivano pescare: se si sceglieva il primo, veniva richiesta la descrizione dei bambini raffigurati sulle carte che erano state prese; se il secondo mazzo, dove c'erano anche foto in cui i bambini sorridevano, veniva richiesto di provare empatia per chi era rappresentato. Il risultato? Le persone hanno pescato dal secondo mazzo solo in percentuale medio-bassa (meno del 40 %), preferendo di gran lunga il primo mazzo che non richiedeva alcun tipo di sforzo mentale. Alla domanda sul perché avessero preferito tale mazzo, la maggioranza ha ammesso di non aver voluto svolgere un compito più impegnativo, come quanto era richiesto nel secondo caso.

Successivamente, è stato fatto credere ai volontari di possedere una dote empatica acuta, profonda e particolare: da quel momento, tutti sono stati più disponibili nel tentare di immaginare la vita di totali sconosciuti, pescando anche dal secondo mazzo di carte.

Ti stai chiedendo qual è la morale di questo esperimento? Alla fine, è stato dimostrato quanto l'empatia possa essere essenzialmente incitata tramite piccoli suggerimenti: se siamo tentennanti riguardo al possedere o meno questa abilità, possiamo autogestirci, assegnandoci alcuni facili compiti, pensando le stesse cose in un'altra maniera, più fruttuosa ed empatica.

Controllare le emozioni: un'utile guida

Ora che abbiamo ampiamente analizzato come si sviluppa l'intelligenza emotiva, in quali determinati segmenti, e abbiamo approfondito l'importanza dell'empatia, ci sembra fondamentale soffermarci su un nuovo argomento: il controllo delle proprie emozioni.

Potrà sembrare un argomento banale a prima vista: chi è che non riesce a controllare le proprie emozioni? Non siamo certo animali! Eppure, la realtà è ben diversa. Pensiamoci un attimo: quante volte, durante un'accesa lite con un caro amico, siamo stati travolti dalla rabbia e gli abbiamo detto cose di cui successivamente ci siamo pentiti? Oppure, prima di un esame, l'ansia si è impossessata di noi rendendoci impossibile sostenerlo?

Ecco, se le emozioni sono importanti, il loro controllo è fondamentale. Le tue emozioni determinano come interagisci con le persone nella vita quotidiana, come passi le tue giornate, su che cosa decidi di spendere o meno il tuo denaro, come riesci a interfacciarti con i cambiamenti, le sfide e le novità. Il totale controllo delle tue emozioni ti renderà mentalmente più forte. Per fortuna, chiunque può migliorare nella loro gestione. Come per qualsiasi altra abilità − per esempio, suonare il piano – anche il controllo delle emozioni richiede pratica e dedizione.

Spesso non abbiamo un'idea chiara di come si controllano le emozioni e facciamo confusione con la loro soppressione: fare finta di non essere triste o ignorare la rabbia non ti aiuterà a eliminare queste sensazioni. Anzi, opprimere le tue emozioni potrebbe portarti sia a un peggioramento del tuo stato mentale, sia a sviluppare delle strategie di difesa non sane, come l'abuso di alcolici o di cibo. Il riconoscimento delle tue emozioni è fondamentale; ma altrettanto importante è riconoscere che le tue emozioni non ti definiscono. Se una mattina ti svegli non esattamente allegro, solare ed energico, puoi sempre prendere il controllo del tuo umore e rivoluzionare la tua giornata.

Prima di riuscire a cambiare il tuo umore, però, è essenziale che tu riesca a riconoscere il perché delle tue emozioni: sei nervoso, arrabbiato o triste? La rabbia spesso nasconde altre emozioni sottostanti, come l'imbarazzo o la vergogna. Presta attenzione a che cosa accade realmente dentro di te. Difficilmente una persona prova una singola emozione alla volta: probabilmente ciò che sentirai sarà il frutto di due o più emozioni insieme. Prima di un esame non sarai solamente in ansia, ma sentirai anche emozioni come l'impazienza e la frustrazione. Per riuscire a controllare pienamente le emozioni dovrai etichettarle, come se si trattasse di un vasetto di marmellata fatta in casa. Etichettare le emozioni, infatti, può aiutarti nel capire quanto esse influenzino la tua vita, sia per quanto riguarda decisioni importanti, sia per situazioni più banali. Inoltre, etichettare le emozioni può aiutarti a svuotare l'emozione stessa del suo significato, alleggerendo un po' i tuoi pensieri.

Sai che le emozioni influiscono sulla tua percezione degli eventi? Per fare un esempio: al lavoro, ricevi una mail dal tuo capo che dice di volerti vedere immediatamente. Se ti senti ansioso, penserai subito al peggio, immaginando che il tuo capo voglia licenziarti. Se ti senti positivo e allegro, invece, ricevendo la stessa mail il tuo primo pensiero sarà che il tuo capo vuole offrirti una posizione più importante in azienda o un aumento. Pensa alle lenti colorate attraverso cui guardi il mondo che ci circonda, e riformula sempre i tuoi pensieri per avere una visione più realistica delle cose.

Se prima di arrivare in una nuova azienda ti ritrovi a pensare che sarà un completo disastro, che nessuno approverà le tue idee, nessuno ti parlerà, sembrerai un completo idiota, ricordati questo: è compito tuo regolare l'andare degli eventi. Il tuo pensiero principale dovrà essere: "Concentrerò in questo lavoro tutto me stesso, cercando di fare amicizia con altre persone e facendo percepire loro il mio forte interesse per questa azienda".

Alcune volte, la maniera migliore per risolvere una situazione intricata, nella quale ci sentiamo in ansia o a disagio, è acquisire una nuova prospettiva, chiedendosi semplicemente "Che cosa suggerirei a un mio amico se si trovasse in questa situazione?". Altre volte, aiutare una persona a cambiare prospettiva può servire per focalizzarsi su che cosa è davvero importante; inoltre, porsi domande simili, aiuta a togliere dal problema un grosso coinvolgimento emotivo. Se ti ritrovi spesso a rimuginare su questioni negative e a soffermarti sulla tua tristezza, potrebbe aiutarti dover cercare un nuovo stimolo, in modo che il tuo cervello cambi, metaforicamente parlando, il canale su cui si è sintonizzato. Ti senti triste? Mettere in ordine la tua stanza oppure svolgere una sessione di leggera attività fisica potrebbe farti sentire subito meglio.

Quando sei di cattivo umore, è probabile che tu rimanga prigioniero di attività che portano a un ripetersi di questo stato d'animo. Potresti indulgere in comportamenti nocivi verso te stesso, come l'isolamento, usare il telefono senza sosta oppure lamentarti in continuazione con i tuoi amici: questi atteggiamenti, alla lunga, potrebbero diventare ancora più dannosi. Se vuoi sentirti meglio, non devi fare altro che reagire in maniera positiva, allontanandoti da ogni atteggiamento e comportamento che ti faccia sentire bloccato.

Per esempio, pensa alle cose che fai quando sei di ottimo umore:

- ascoltare musica allegra;
- chiamare un amico e invitarlo per un caffè o una birra a casa tua;
- fare una passeggiata in solitaria;
- meditare o fare yoga;
- creare qualcosa, come una torta, un bracciale o un utensile.

Puoi provare a fare queste cose quando non sei di ottimo umore e a verificare di persona il cambiamento. Controllare le tue emozioni non sarà sempre facile: alcune emozioni sapranno sopraffarti più di altre, come la rabbia e la tristezza. Con il passare del tempo, però, ti accorgerai che il controllo sulle tue emozioni diverrà sempre più forte. Acquisirai maggior fiducia nella tua capacità di gestire emozioni spesso considerate negative, come il disagio e lo stress, diventando più consapevole della possibilità di fare scelte sane, che potranno cambiare il tuo umore. Diventerai pienamente consapevole di te stesso.

Perché le emozioni ci influenzano così tanto?

Le emozioni svolgono un ruolo fondamentale nel modo in cui pensiamo, ci comportiamo e anche guardiamo il mondo. Le emozioni che proviamo ogni giorno possono costringerci a fare una scelta piuttosto che un'altra, ci influenzano riguardo le decisioni che prendiamo sulla nostra vita, grandi o piccole che siano. Per comprendere quanto esse siano importanti, è essenziale conoscerne le principali componenti. Possiamo suddividere un'emozione in tre spicchi:

- una *componente soggettiva*: come tu, individuo, vivi una determinata emozione;
- una *componente fisiologica*: come il corpo riesce a reagire a quell'emozione;
- una *componente espressiva*: come ti comporti in risposta all'emozione stessa.

Questi diversi elementi svolgono un'azione determinante sulle tue risposte emotive. Le tue risposte possono essere fugaci, di breve durata, come un accecante lampo di fastidio per un nostro collega, oppure insediarsi dentro di noi, come la tristezza dopo la fine di una storia d'amore. Per quale motivo le emozioni ci influenzano così tanto? Quale ruolo svolgono?

Secondo il famoso biologo e naturalista Charles Darwin (1809-1882), le emozioni sono degli adattamenti strutturali che sia l'uomo che gli animali adottano per sopravvivere e riprodursi. Quando proviamo un'emozione come la rabbia, è plausibile che stiamo per affrontare la causa della nostra rabbia. Quando proviamo ansia, timore o paura, è molto probabile che il nostro primo pensiero sarà quello di darsi alla fuga, di scappare dalla minaccia che incombe. Quando ci sentiamo bene con noi stessi, uno dei nostri pensieri sarà certamente quello di cercare un compagno per poterci riprodurre.

Le emozioni svolgono un ruolo da cuscino adattivo nella nostra vita, motivandoci ad agire tempestivamente per incrementare le nostre possibilità di sopravvivenza e di successo. Le emozioni sono qualcosa di antico e remoto, che si trova dentro di noi, che collega le persone che siamo oggi ai nostri antenati vissuti milioni di anni fa.

Quando per un esame universitario o per un concorso ci prepariamo studiando in maniera ossessiva, lo facciamo poiché l'ansia che proviamo influisce sul nostro comportamento, quindi sul voto finale. Seguiamo un ragionamento molto semplice: mentre ci prepariamo per un esame, ci immaginiamo che esso influirà sul nostro futuro. E, proprio perché proviamo ansia, dunque una specifica risposta emotiva, le probabilità di studiare in maniera approfondita e accurata diventano maggiori. Dato che abbiamo provato quell'emozione, abbiamo ricevuto come feedback la motivazione di agire e fare qualcosa – in questo caso studiare – per migliorare le nostre possibilità di prendere un bel voto.

Sarà anche scontato, ma noi esseri umani tendiamo a preferire alcuni specifiche situazioni ad altre: prendiamo più in considerazioni certe azioni perché siamo sicuri che quelle ci porteranno emozioni positive, riducendo così la probabilità di provare emozioni negative. Per esempio, appena arrivato in una nuova città, tenderai a cercare attività sociali o hobby che possano riempire le tue giornate di allegria, contentezza e gioia, ed eviterai situazioni che potrebbero causarti ansia, noia e tristezza.

Inoltre, quando interagiamo con altre persone, è fondamentale fornire indizi per aiutarli a capire come ci sentiamo in quel momento. Questi indizi possono coinvolgere l'espressione emotiva attraverso il linguaggio del corpo: le nostre espressioni facciali sono connesse a emozioni particolari che in quel momento stiamo vivendo. Dopo una discussione con un amico, la nostra mimica facciale potrebbe produrre un'espressione corrucciata e affranta, con le labbra piegate verso il basso.

Invece, in altri casi, potremmo interagire con le persone e affermare direttamente come ci sentiamo, senza lasciare alcun non detto. Quando siamo in compagnia, capita di parlare ai nostri amici senza fronzoli, dichiarando loro il nostro stato emotivo, qualunque esso sia (tristezza, felicità, gioia, allegria, eccitazione); in questo caso, stiamo fornendo delle importanti informazioni che gli altri possono utilizzare per agire nei nostri confronti in un particolare modo.

D'altra parte, proprio come le nostre emozioni forniscono indicazioni preziose agli altri, le espressioni emotive delle persone che ci circondano, siano essi conoscenti o amici, sono universali, e ci forniscono gli strumenti necessari per arricchirci socialmente. La comunicazione sociale è fondamentale nella vita di tutti i giorni, oltre che nello svolgimento e nella crescita delle relazioni quotidiane, ed è essenziale che una persona sia in grado di interpretare e reagire velocemente alle emozioni degli altri.

Costruiamo relazioni più profonde e significative con gli amici e con le persone care e rispondiamo in modo appropriato agli impulsi emotivi degli altri grazie alla comunicazione sociale. Essa ci permette, inoltre, di comunicare efficacemente in svariate situazioni di socialità e convivialità, come con un cameriere maleducato al ristorante o con uno scontroso proprietario di un bar. In poche parole, questa grande abilità insita dentro di noi ci consente di muoverci adeguatamente nel grande oceano che è la vita.

Come controllare la reazione alle nostre emozioni

Siamo arrivati a un punto cruciale riguardo la spiegazione delle nostre emozioni: come controllare le nostre reazioni. Quale miglior modo per iniziare a trattare l'argomento, se non con un esempio che riflette perfettamente la vita di tutti i giorni?

Cesare e Filippo sono ottimi amici. Si vedono di frequente, ma sono anche molto diversi tra loro.
Filippo è costantemente giù di tono; solitamente, il più piccolo dei problemi lo manda in uno stato tale di frustrazione e stress che influenza tutto ciò che lo circonda: si lascia abbattere dai più piccoli problemi quotidiani, come una lunga fila in posta, il traffico dopo aver finito di lavorare, il cattivo umore la mattina, il collega che fa battute sagaci sul suo rendimento lavorativo. Il suo umore e la sua poca felicità sono intrinsecamente connessi e direttamente influenzati da ciò che quotidianamente gli accade intorno. Cesare, d'altra parte, non lascia che le cose lo irritino o lo annoino. Decide lui costantemente come vuole sentirsi e ha una felicità molto più continua e lineare rispetto a Filippo.

Se ti stai chiedendo quale sia la differenza principale tra i due, la risposta è semplice: la scelta. Gestire le tue emozioni, in realtà, non è poi così complicato; si tratta solamente di una questione di scelta. Lo vuoi o non lo vuoi fare? Sono stati scritti milioni di saggi, articoli e libri sulle emozioni e su come gestirle in modo efficace e funzionale, eppure molte persone ancora non riescono a controllare quest'area della propria vita. Com'è possibile?

Governare le emozioni in modo efficace è esattamente come sviluppare un'abilità manuale, come suonare il piano, o avere un'abitudine. È un modo per fare qualcosa di meglio. In quanto esseri umani, lottiamo molto contro il cambiamento nelle nostre vite; per questo ci risulta difficile adottare un paio di occhiali nuovo di zecca con cui guardare il mondo. Cambiare il modo in cui fai di solito qualcosa non è semplice; e ancora più difficile è quando si tratta della gestione delle emozioni, soprattutto delle tue.

Quando ci sentiamo tristi, arrabbiati e nervosi, l'ultima cosa che vorremmo fare è calmarci e cercare di affrontare la situazione in modo razionale ed efficace; il più delle volte vorremo solo continuare a lamentarci di ciò che ci turba, oppure sfogarci in qualche altro modo, poiché pensare attivamente al nostro problema richiede mo ta più fatica e un considerevole sforzo mentale.

Comprendendo un po' come funzionano le nostre emozioni, otteniamo una posizione migliore, di vantaggio, dalla quale possiamo usufruire di queste informazioni al fine di agire al meglio. Imparare a controllare la reazione alle nostre emozioni può essere una delle abilità migliori che svilupperai in tutta la tua vita, in quanto ti verrà in aiuto costantemente e ogni giorno. Come abbiamo spiegato in precedenza, le tue emozioni portano alle azioni che intraprendi e dunque, come se componessero un'enorme matassa, sono collegate al modo in cui porti avanti la tua vita e al tuo modo di plasmarla.

Abbiamo accennato in precedenza quanto le nostre emozioni siano sempre un residuo primitivo dell'uomo, che abitava questo pianeta già migliaia di anni fa, e ora cercheremo di spiegarlo meglio. La nostra parte del cervello dedita alle emozioni e alle pulsioni è il sistema limbico, una delle sue componenti più antiche. Se confrontiamo il sistema limbico con la parte dedita al pensiero, la corteccia prefrontale, la scienza ci viene in soccorso affermando che il primo è molto più antico rispetto alla seconda. Poiché il sistema limbico è più vecchio, ed è una parte estremamente forte del cervello, è comprensibile come a volte ci sentiamo preda delle nostre emozioni, perché ci sembra che guidino e dirottino i nostri pensieri. Inoltre, piccola curiosità, la parte del nostro cervello dedita alle emozioni è ben sei miliardi di volte più attiva rispetto alla corteccia prefrontale.

Il nocciolo della questione è questo: ci sarà sempre un momento in cui ti sembrerà che le emozioni stiano per dirottare il tuo pensiero – questo è imprescindibile – ma ci sono anche molti modi per affrontare questa sensazione e per evitare che ciò si verifichi.

Per riagganciarci al discorso di prima, proviamo ad analizzare quanto puoi fare per non essere totalmente passivo in questa situazione. Reprimere un sentimento o ignorare una tua emozione in un determinato momento non ti gioverà. L'ansia e lo stress derivano proprio da emozioni represse; se pensi di riuscire a gestire le tue emozioni semplicemente ignorandole stai commettendo un grosso errore.

Per controllare le tue reazioni alle emozioni ci sono almeno quattro passaggi da affrontare: seguendoli nel giusto ordine riuscirai a risolvere efficacemente ogni situazione che potrai dover affrontare nel corso della tua vita.

1. La consapevolezza è tutto

Se in una situazione difficile ti sembra di stare esagerando o di essere eccessivamente duro con te stesso, se non hai la consapevolezza di essere nel giusto o di avere torto, come puoi tentare di gestire le tue emozioni? Sarebbe impossibile fare altrimenti. Inizia a identificare le tue emozioni. A volte sarà difficile cercare di capire che cosa sta veramente passando dentro di te, ma questa autoanalisi ti aiuterà ad avere maggiore chiarezza, fatto che è essenziale per proseguire. Prova a prendere una posizione neutrale nel capire le tue emozioni: esse sono indizi di ciò che la tua mente sta cercando di dirti. Stai provando quello che stai provando e questo è un indizio per arrivare ad una maggiore consapevolezza di te stesso, raggiungendo una discreta dose di saggezza.

2. Cambia prospettiva

Dopo aver affrontato consapevolmente la tua emozione, una volta che ti troverai in uno stato d'animo più calmo, rilassati e permetti alle reti neurali più lente della corteccia prefrontale di entrare in azione: in modo automatico, il tuo lato emotivo sarà ben presto raggiunto da quello razionale. Una caratteristica essenziale della regione prefrontale è l'empatia cognitiva: la capacità di entrare nel mondo di un'altra persona e di immaginare come sarebbe vivere la sua vita, attraverso le sue paure, le sue speranze ed esperienze, mettendosi nei suoi panni. Un ottimo modo per affrontare in maniera più consapevole il controllo sulle tue emozioni è quello di chiederti sempre come si sentirebbero, nello stesso momento e proprio in quella determinata situazione, le persone intorno a te. Questo ti aiuterà a uscire, almeno per un po', dal tuo cervello, dalla situazione in cui ti trovi bloccato, facendoti assumere una posizione esterna e dunque obbligatoriamente più razionale.

3. *Chiediti sempre quale potrebbe essere la soluzione al problema*

Una volta scoperto il perché di un'emozione, che cosa puoi fare per riprendere il controllo di te stesso? Delle volte, potresti dover cambiare il modo in cui stai affrontando la situazione, pensando attivamente da un altro punto di vista. Lo sai anche tu, ormai, che i tuoi pensieri portano direttamente alle tue emozioni; dunque, se ti senti giù di corda e pensieroso, probabilmente il motivo è da ricercare nel pensiero negativo dentro di te, quello che ti sta facendo sentire proprio così. Se inizi a pensare ad altri possibili scenari della stessa situazione, ad altre prospettive da cui guardare il problema, inizierai a sentirti subito meglio.

Ciò su cui t concentri si espande sempre, anche se lentamente, dentro di te. A volte, la razionalità ci viene in aiuto: capendo perché ti senti in un certo modo, le tue emozioni inizieranno a diminuire, semplicemente perché la comprensione porta in automatico a una maggior calma interiore. La parte razionale del cervello e il sistema limbico coopereranno per aiutarti ad arrivare a un momento di oggettiva introspezione.

4. *Scegli attentamente come reagire*

Questa è la parte indubbiamente più difficile. Sei a conoscenza del fatto che il modo in cui reagiamo e gestiamo le nostre emozioni è solo un'abitudine. Hai presente quel tipo di persona che va in escandescenze per nulla, che si irrita per tutto e tutti? La persona costantemente nervosa? A volte ti senti quasi dispiaciuto per lei e per il suo modo di reagire. Quel tipo di persona ha lentamente preso l'abitudine di associare una situazione che non gli piace o in cui si sente messa alla prova con l'azione "impazzire". Le sue emozioni l'hanno dirottata verso un'insoddisfazione perenne e generale, che attanaglia qualsiasi cosa della sua vita quotidiana.

Imparare ad ascoltare le tue emozioni, a identificarle, a comprenderle e quindi a sceglierle ed accettarle non è come un'abilità sportiva, che puoi decidere di praticare due volte alla settimana prima di cena. Potremmo dire che, proprio come per la pratica sportiva, il controllo delle reazioni alle tue emozioni è sì uno sforzo che fai per migliorare la tua vita, il tuo spazio mentale, ma anche che è una disciplina continua, un'abilità essenziale da svolgere tutti i giorni, costantemente. Non è un'attività facile – l'avrai sicuramente capito da te – ed è proprio per questo che tante persone, dopo essersi sforzate, si arrendono.

Sappi, però, che una volta che sarai in grado di controllare abilmente le tue emozioni, la tua vita cambierà notevolmente, in un modo da risultare quasi irreale. Ti sentirai non solamente più potente, saggio e in controllo delle tue emozioni, ma sarai anche più sereno e molto più sano nei tuoi pensieri, in quanto sentimenti come la tristezza e l'irascibilità non ti trascineranno più verso le emozioni negative.

Come difendersi dai "vampiri emotivi"

Dopo aver riflettuto a lungo e in modo approfondito su come, individualmente, possiamo cambiare e controllare noi stessi e la nostra emotività, soprattutto in relazione agli altri, è ora di iniziare a scalare un sentiero ben più tormentato e impervio: ovvero, come proteggere noi stessi dagli altri. È noto che il mondo non sia tutto rose e fiori: quel tuo amico particolarmente cinico, che si lamenta in continuazione, potrebbe avere un risvolto ben più negativo di quanto pensi sulla tua sfera mentale ed emotiva.

Solitamente, questo genere di persone è chiamato "vampiro", un nome che farà certo sorridere qualcuno. Quando pensiamo ai vampiri, generalmente pensiamo ai mostri dei film horror o a quei costumi di Halloween con dentoni finti e chissà cos'altro. In realtà, nonostante i vampiri siano stati pensati come creature fantastiche, abitanti di storie spaventose, sono molto reali e ben presenti nel nostro mondo, anche se non somigliano affatto a quanto ci aspetteremmo. Quelli a cui facciamo riferimento ora sono i cosiddetti "vampiri emotivi".

I vampiri emotivi sono quel tipo di persone che, presenti nella tua vita, sembrano risucchiare lentamente via da te la forza vitale. Ti sembra di conoscere qualcuno che risucchia l'energia intorno a te, solo trovandosi nelle vicinanze? C'è qualcuno nella tua vita che sembra diffondere energia negativa ovunque vada? Ti senti come se ti avessero emotivamente svuotato dopo aver trascorso del tempo con un tuo conoscente, un collega o un membro della tua famiglia? Se hai risposto di sì ad almeno una di queste domande, significa che c'è un vampiro emotivo nella tua vita.

Come dicevamo prima, sebbene i vampiri emotivi che puoi incontrare non sono quelli presenti in libri e film – quelli che succhiano fisicamente il sangue – come i loro simili film possono però risucchiare la tua felicità, la tua energia, e in alcuni gravi casi persino la tua voglia di vivere. Essi, infatti, invece di nutrirsi di sangue si nutrono di negatività. Quando hai a che fare con queste persone, è quasi impossibile arrivare alla felicità. I vampiri emotivi non sono persone felici, che si nutrono della felicità altrui: al contrario, sono quel tipo di persone che non sono mai felici, tranne in un unico caso, ovvero quando tutte le persone che li circondano sono infelici a loro volta, inconsciamente o consciamente. Essi sono esseri subdoli e manipolatori, e possono arrivare a logorare persino la persona più positiva che esista sulla faccia della terra.

Perché interfacciarci con questo tipo di problema? Se pensi di poter essere una potenziale vittima di un vampiro emotivo, crediamo che sia importante darti tutti gli strumenti utili per riuscire a proteggerti, prima che uno di loro ti sfinisca emotivamente. Sfortunatamente, non tutti i vampiri emotivi sono uguali: ne esistono diverse tipologie, ed è essenziale capire con quale tipo di vampiro si abbia a che fare, così da poter sviluppare al meglio la propria strategia difensiva emozionale, che farà da scudo contro tutta la loro negatività.

I vampiri emotivi, purtroppo, possono assumere molte forme; nelle prossime pagine prenderemo in analisi le più conosciute e diffuse:

- il *tipo narcisista*;
- il *tipo vittima*;
- il *tipo controller*;
- il *tipo critico*;
- il *tipo diviso a metà*.

Un vampiro emotivo può identificarsi con un solo tipo o, in alcuni casi, queste macro-categorie possono sovrapporsi. Per esempio, un vampiro emotivo potrebbe essere sia critico che vittima. Potrebbero esserci anche casi di vampiri emotivi, che fanno parte della nostra vita, che non rientrano in una categoria definita: l'unica certezza è che, in qualunque caso, chi ti prosciuga emotivamente è sempre da considerarsi un vampiro emotivo.

Il tipo narcisista

La prima tipologia di vampiro emotivo che andremo ad analizzare è il *tipo narcisista*. Questi vampiri emotivi sono profondamente convinti di una sola e semplice idea: il mondo ruota intorno a loro. Pongono loro stessi e i loro bisogni prima di tutti gli altri, e si rifiutano di adottare strumenti per entrare in contatto emozionalmente, come l'empatia: non vedono mai nulla nella prospettiva di qualcun altro. Mancando di coraggio, non si assumono mai la responsabilità delle proprie azioni, ma riescono comunque a criticare gli altri per qualsiasi cosa. Sono spesso personalità eccentriche, con manie di grandezza, alla continua ricerca dell'attenzione altrui. Possono essere persone molo intelligenti, brillanti e dotate di grande fascino, specialmente quando fai la loro conoscenza le prime volte, ma t si rivolteranno contro appena darai loro un minimo di attenzione in meno.

Una persona può sentirsi attratta e affascinata da un vampiro di tipo narcisista per le ragioni sopra elencate: sono carismatici, brillanti ed eccitanti. Una persona psicologicamente sana ed empatica potrebbe addirittura trovare lusinghiero che un vampiro narcisista lo voglia nella propria vita, e sentirsi onorato delle sue attenzioni. Il vampiro narcisista, tramite atti di manipolazione, è in grado di plagiare la persona empatica, portandola a credere che, senza la propria presenza, la sua vita sarebbe noiosa e priva di attenzione.

Amare sé stessi nella vita è fondamentale, ma nel caso del vampiro narcisista è tutto portato agli estremi; è una persona priva di qualsiasi pur minima forma di empatia. Il narcisista vuole che i riflettori siano puntati su di lui per tutto il tempo possibile e ha fame dell'ammirazione altrui perché, dal suo punto di vista, la merita più di chiunque altro. Secondo il narcisista, tutta quella attenzione è un suo diritto.

La totale mancanza del narcisista di empatia indica anche un atto essenziale nella vita di tutti giorni: la sua incapacità di dare amore incondizionato. Scordatevi un commento carino nei vostri confronti! Se ci riflettete, tutto questo ha senso dal suo punto di vista, poiché tutto l'amore disponibile gli è già stato riservato: non c'è alcuno spazio per gli altri. Il narcisista ha la tendenza di diventare freddo, elusivo ed estremamente riservato quando le cose non vanno secondo i suoi piani. Inoltre, puoi stare certo che non esiterà minimamente a punire chiunque sia l'artefice, o anche solo il complice, del suo fallimento.

Come riconoscerlo?

Innanzitutto il narcisista, come abbiamo potuto osservare, vuole tutta l'attenzione per sé. Quando state conversando, per esempio, la vostra discussione sarà a senso unico, poiché lui sarà l'unico a parlare; tutti gli altri dovranno ascoltare e basta. Non potrete fare nient'altro: controllare i messaggi o dare un'occhiata all'ambiente circostante sarà proibito e visto dal narcisista come un'offesa nei suoi confronti. Come potete solo pensare di distrarvi mentre vi sta raccontando qualcosa di così importante? Durante le pause della conversazione, inoltre, il vampiro narcisista vi guarderà, aspettandosi da voi un complimento o qualcosa che lo gratifichi.

Questo tipo parla troppo di sé stesso e si vanta instancabilmente dei suoi successi e dei risultati che ha ottenuto, anche se hanno avuto luogo molto tempo fa. Una conversazione di un'ora può svolgersi esclusivamente parlando, secondo i suoi parametri, di lui e dei suoi risultati. Non essere sorpreso se non riesci a parlare; qualora ci riuscissi, il tipo narcisista troverà comunque presto un modo per tornare sul suo argomento preferito: quanto è fantastica e grandiosa la sua vita.

Il vampiro narcisista vuole avere il controllo di tutto, quando sei in sua compagnia. È già abbastanza terribile che desideri che l'intera conversazione sia su di lui, ma questo non basta: vorrà anche dettare i termini di come passi il tuo tempo insieme a lui e si aspetterà che tu segua alla lettera tutto ciò che dice. Dopotutto, lui è perfetto, e nulla di ciò che dice potrebbe essere poco meno che corretto.

Come evitarlo?
La regola fondamentale per riuscire a evitare efficacemente un vampiro narcisista è non essere troppo coinvolto nella sua vita. Dopodiché, bisogna riconoscere e accettare preventivamente che questo tipo di persone non tenderà mai a donarti dell'affetto puro, gratuito, immotivato e slegato dal proprio egoismo.

La consapevolezza di questo dovrebbe bastare a tenerti lontano da individui di questo tipo, ma, nel caso in cui facessero parte della tua ristretta cerchia di amicizie, della tua famiglia o del tuo luogo di lavoro, ci sono dei consigli più mirati che puoi seguire. Non confidargli mai niente di profondo e intimo; non parlargli dei tuoi problemi emotivi e familiari. Al narcisista non interessano. Potrebbe essere addirittura risentito dal fatto che gli stai facendo sprecare del tempo, quando lui potrebbe benissimo raccontarti qualcosa, a suo avviso, di più importante. Ti sentirai deluso per aver sprecato il tuo fiato con una persona simile. Per evitare eventuali conflitti e inutili batti becchi, accarezza il suo ego con un complimento, una volta ogni tanto: è la cosa migliore per cercare di allontanarlo il più possibile. Non si tratta di un mezzo di fuga, ma solamente di un metodo efficace per imparare a convivere con una persona del genere.

Il tipo vittima

Il secondo tipo di vampiro emotivo che andremo ad analizzare è il *tipo vittima*, ovvero quella persona che agisce costantemente come se il mondo intero fosse contro di lei. Non si assume mai la responsabilità delle proprie azioni; tutto ciò che accade presume sia accaduto per sfortuna o per volere altrui.

Questi vampiri emotivi cercano continuamente di sembrare, agli occhi degli altri, vittime, per ottenere simpatia e affetto. Spesso insistono sul fatto che gli altri debbano assumersi la responsabilità di salvarli da situazioni che loro stessi si sono creati da soli. Se qualcuno non dovesse intervenire per salvarli da una qualsivoglia ingiustizia, anche solo percepita, cercheranno di presentarsi ulteriormente come vittime.

Le sue frasi preferite sono "Ah, il mondo è contro di me" e "Sono da solo contro tutto questo". Il vampiro vittima è infelice e non ha alcuno scrupolo di mostrarlo a tutto il mondo. Spesso vuole che tutti sappiano quanto lui sia profondamente infelice e invischiato in orribili o spiacevoli situazioni. Questo atteggiamento da vittima diventa ancora più asfissiante quando inizia a incolpare chiunque, fuorché sé stesso. Il mondo intero diviene il suo capro espiatorio: tutto quello che gli accade, la sua infelicità, le sue tristi giornate, non sono minimamente legati a lui. Tutte le difficoltà in cui si trova dipendono sempre da qualcun altro. Il vampiro vittima insiste continuamente sul fatto che, se non fosse andata così, lui vivrebbe felice, sereno e motivato. Avere a che fare con una persona simile può essere abbastanza deprimente ed emotivamente stancante.

Il vampiro vittima si rifiuta di riconoscere che, in realtà, i propri problemi e dolori potrebbero essere stati autoinflitti o generati da sé stesso. Secondo l'ottica di questa tipologia, non è lui il colpevole, ma il resto del mondo.

A volte, quando la situazione si complica, il vampiro vittima si rifiuta di accettare o di credere che esistano soluzioni logiche al suo problema. Puoi fare di tutto – destreggiarti con consigli, donargli dei validi suggerimenti – ma sarà altamente probabile che persino il tuo pensiero più ragionato verrà da lui classificato come inutile. La cosa più frustrante di questo rapporto è che, per quanti sforzi tu provi a fare, niente gli andrà mai bene; tuttavia continuerà ad aspettarsi il tuo salvataggio, come se fosse una tua responsabilità primaria risolvere ogni suo problema.

Come riconoscerlo?

Il vampiro emotivo di tipo vittima non è uno dei più insidiosi e difficili da riconoscere: si crogiola nell'autocommiserazione e fa di tutto per assicurarsi che tutti conoscano le sue miserie e ne siano testimoni. La sua vita lavorativa, sentimentale e familiare è piena di drammi; desidera fortemente che tu sappia ogni dettaglio che lo riguarda. Parlare con lui equivale a guardare un incidente tra due auto, da un punto di vista emotivo. Persone di questo tipo dimostrano costantemente una sfiducia generale per tutto il resto del mondo e trattano gli altri come se fossero responsabili della propria infelicità. Una persona con tendenze vittimistiche si riconosce poiché prova amarezza nei confronti di tutti coloro che vivono, semplicemente, meglio di lei.

Come evitarlo?
Riuscirai a evitare efficacemente una vittima quando non cederai alle sue continue e incessanti richieste di attenzione. Il tipo vittima farà di tutto per trascinarti nel suo dramma personale: è meglio ridurre al minimo le interazioni con questa tipologia di vampiro emotivo, per evitare di essere coinvolto nella sua incessante autocommiserazione.

Nel caso in cui vi troverete ad avere a che fare con un vampiro vittima, senza possibili vie di fuga o scappatoie, dovete settare un timer. Non un timer in senso metaforico: quando la vostra conversazione inizierà, dovrete chiarire a voi stessi che potrete ascoltarlo solo per un periodo di tempo limitato. Non essere sgarbato, altrimenti potresti passare dalla parte del torto. Mantieni salda la tua autodeterminazione e, nonostante i suoi tentativi di illustrarti quanto sia miserabile la sua vita, non lasciarti influenzare o trascinare. Solo tenendo al minimo la tua interazione con il tipo vittima, potrai salvare te stesso.

Simpatizza con lui, ma non assecondare la sua continua voglia di autocommiserazione. Basterà dirgli: "Spero con tutto il cuore che tu riesca a risolvere i tuoi problemi. Non offrirgli reali appoggi o consigli da seguire, perché non devi essere tu a risolvere il suo problema: non sei il suo terapeuta, non vieni pagato per questo; inoltre, in quanto persona adulta, non puoi essere nemmeno il suo tutore o il suo padrino. Se vuoi puoi fare una prova per tirarlo su di morale, così da non recriminarti poi il fatto di non aver agito per aiutarlo.

Il tipo controller

Il *tipo controller* è un vampiro emotivo che potrebbe apparire più innocuo rispetto agli altri, ma non c'è comunque da fidarsi. A questo tipo appartiene quella categoria di persone che deve avere il controllo, fin dal momento in cui si presenta dicendoci il proprio nome, su qualsiasi cosa e su ogni situazione.

Solitamente, questi vampiri emotivi hanno un grosso ego e pensano di essere migliori di tutti gli altri. Spesso sono prepotenti e manipolatori, hanno un'opinione su tutto e ritengono che la propria sia più ragionata e ragguardevole di quella degli altri. Hai un problema? Lui saprà sicuramente che cosa è meglio per te. Dotati di un rigidissimo senso della giustizia, devono dominare ogni situazione. Questi vampiri emotivi possono essere, per esempio, figure genitoriali o coniugi eccessivamente amanti del controllo.

È vero, a nessuno piace chi sembra sapere tutto: spesso invidiamo queste persone, ma allo stesso tempo ci appare assurdo e impossibile avere quella rigidità in ogni momento della propria vita. Il vampiro controller ha un impetuoso desiderio di dominare in qualsiasi contesto: in ogni ambiente vuole essere lui a dettare legge.

Considerata la sua forte attenzione per la giustizia, il vampiro controller è molto veloce nel formulare giudizi riguardo a qualsiasi cosa e persona, fatto che, ovviamente, potrebbe costituire in più occasioni un problema. Molto supponente, cercherà di far sapere a tutti quali sono le proprie opinioni, giudicandole sempre migliori del e vostre. Informato su tutto quello che accade, si sente costantemente migliore di tutti.

Se, malauguratamente, un vampiro di questo tipo dovesse trovarsi nel vostro ambiente di lavoro o nella vostra cerchia di amicizie, e qualcuno dovesse minacciare la sua fama di "so-tutto-io", allora farà di tutto per spodestarlo e per riconquistare il terreno perso, affermando sempre più a gran voce le proprie opinioni e i propri pensieri. Quando si tratta di problemi altrui, il vampiro controller diventa particolarmente fastidioso: nella sua testa c'è questa innata idea di sapere che cosa sia meglio per te, prima di te e molto più di te.

Come riconoscerlo?
Regola numero uno: il vampiro emotivo di tipo controller non è mai disposto a considerare le opinioni diverse dalla propria. L'opinione altrui viene da lui sempre ritenuta errata, a prescindere. Questo tipo si

rifiuta di riflettere sui propri stessi ragionamenti e non ammette in alcun caso di avere torto; inoltre, cercherà sempre di farti accettare con la forza le proprie opinioni.

Il vampiro controller è capace di discutere di un problema o di una particolare situazione senza sosta, fino a quando tu stesso non crolli, accettando il fatto che lui ha ragione e tu torto.

Il tipo controller elargisce commenti non richiesti suoi tuoi problemi, per poi insultarti velatamente dicendo che il tuo approccio è sbagliato: dal suo punto di vista, l'unica soluzione corretta è seguire i suoi consigli.

Come evitarlo?

Sii sempre fiducioso di te stesso e motivato. Quando hai a che fare con un vampiro emotivo di questo genere, è fondamentale parlare e avere fiducia delle proprie opinioni e considerazioni. Non lasciarti mai coinvolgere nelle sue inutili discussioni sui piccoli dettagli. Fai sempre valere le tue idee e, soprattutto, accetta il fatto che probabilmente non sarà felice che tu abbia opinioni diverse dalle sue.

Questo vampiro emotivo farà tutto il possibile per controllare la situazione: non devi sentirti in colpa se sentirai il bisogno di tenerlo fuori dalla tua vita, almeno per un po'. Consultati con lui solo se necessario. Inoltre, perderesti solo il tuo tempo se dovessi decidere di sobbarcarti in una lunga discussione contro le sue opinioni: niente si risolverà e sprecherai molto fiato; il vampiro emotivo non cambierà mai la sua idea riguardo a qualcosa.

Sii assertivo, discuti attivamente con lui solo per fargli sapere quali sono le idee che ronzano nella tua mente. Rincuoralo affermando che apprezzi la sua opinione e i suoi consigli, ma rimani comunque molto sicuro della soluzione da te scelta.

Dovrai inevitabilmente accettare di non essere d'accordo con questa persona. Quando sarà evidente che non si potrà arrivare a una soluzione tra voi due, fai un compromesso con te stesso. Spiegagli che dovrà accettare il fatto che tu non sei d'accordo. Se fate parte della stessa cerchia di amicizie, cerca di coinvolgere altri per un intervento, o chiedi loro di cambiare l'argomento della discussione. Questa mossa, infatti, potrebbe rivelarsi vincente, in quanto il vampiro controller potrebbe perdere il polso della situazione: quando tenterà di tornare nuovamente all'attacco con nuove affermazioni e idee, l'argomento della discussione sarà cambiato e probabilmente si troverà a disagio nel cercare di riconquistare terreno.

Contro questo tipo di vampiro emotivo devi sempre puntare su te stesso e sulle tue idee per non lasciarti travolgere dai suoi insidiosi imperativi, come "Sai che cosa? Dovresti..." oppure "Sai di che cosa avresti bisogno?".

Il tipo critico

Un vampiro emotivo di *tipo critico* saprà certamente come renderti la vita impossibile: qualsiasi cosa tu faccia non sarà mai giusta per lui. Questo tipo, forse per gioco o per diletto, si diverte a buttare giù di morale, costantemente, gli altri. Niente di tutto quello che potrai mai realizzare nella tua intera vita sarà da lui giudicato sufficientemente buono.

Questo vampiro emotivo è l'esatto opposto del tipo di persona che riesce a trovare anche la luce nelle avversità: lui non vede mai il bene, in niente e nessuno, ed è costantemente pronto a sottolineare qualsiasi percezione negativa. Ti stai chiedendo perché agisce in questo modo? Questa tipologia di vampiri emotivi ha scarsa autostima: tenta quindi di rafforzare il proprio malandato ego giudicando, sminuendo e svalutando gli altri. Fuori da sé non vede che aspetti negativi, mentre lascia per lui stesso tutti i giudizi positivi.

I suoi discorsi saranno sempre conditi di "Non ti sembra di sbagliare?" e di "Secondo me questo è/non è…". Incessantemente impegnato a giudicare gli altri, pensa di essere nella posizione migliore per farlo, e non è mai dispiaciuto. Impermeabile ai giudizi altrui, si sente costantemente uno scalino al di sopra degli altri e di ogni rimprovero.

Potremmo definirlo un vampiro emotivo simile al tipo narcisista: i due sono accomunati da un grande amore per sé stessi, nonostante il tipo critico abbia anche molta sfiducia degli altri. La differenza sostanziale tra i due sta nella maniera in cui il narcisista si concentra su sé stesso, escludendo tutti gli altri, mentre il critico non esita mai a sminuire gli altri pur di favorire la propria persona, al fine di apparire migliore di chi lo circonda.

Generoso nel suo essere velenoso e dispensare critiche, questo vampiro emotivo si giustifica sostenendo che le proprie critiche sono costruttive e che cerca sempre di avere solo buone intenzioni. Tuttavia, nell'elargire consigli non si trattiene dall'essere cinico, rude e sarcastico, facendo sentire il proprio interlocutore piccolo e insignificante: questo è solo uno dei metodi che usa per elevare il proprio status.

Come riconoscerlo?
Un vampiro emotivo critico è facilmente riconoscibile quando le critiche che fa passano da costruttive a insulti o scoraggiamenti, nemmeno troppo velatamente. Il tipo critico comincia a evidenziare tutti i tuoi difetti potenziali e le tue carenze, siano esse in ambito

affettivo, lavorativo o caratteriale; a volte riesce persino a essere ancor più fastidioso, in quanto si paragona con te, risultando sempre lui il migliore dei due. Le sue parole creano dentro di te due effetti diversi contemporaneamente: la vergogna e l'offesa. Questo vampiro usa, il più delle volte, parole dure nei tuoi confronti, ben lontane dall'essere critiche costruttive.

Come evitarlo?

I vampiri emotivi di tipo critico sono spesso scortesi, giudicano le nostre scelte di vita e le nostre decisioni, e raramente hanno qualcosa di positivo e gentile da dirci. Un'ottima ed efficace maniera per gestire la loro presenza nella nostra vita è cessare di frequentarli del tutto.

Ciò non è semplice quando questo tipo di vampiro emotivo è un tuo collega, il tuo capo o una persona della tua ristretta cerchia di amici, magari un caro amico del tuo partner: in tutti questi casi non puoi semplicemente smettere di vederlo per il resto della tua vita; anzi, potresti dover avere a che fare con lui quotidianamente.

Per poter affrontare al meglio il vostro rapporto, prendi quello che dice a piccole dosi. Se dovessi prendere a cuore tutto ciò che dice, rimarrai sicuramente offeso e ferito e, dopo varie battute, potresti persino credere alle sue assurde congetture sulla tua persona.

Accettalo per quello che è, soprattutto se sai che le critiche che ha espresso, al tuo riguardo o su altre persone, sono del tutto fuori luogo e non hanno basi su cui appoggiarsi. Rivolgiti direttamente a lui per fargli capire che il tuo limite di sopportazione si è esaurito: ciò sarà positivo perché gli farà capire che non accetti altre offese e ingiurie da parte sua. Dovrai riuscire a trattare con lui anche in maniera diplomatica e ragionevole, altrimenti potresti passare dalla parte del torto, oppure essere considerato la solita persona in cerca di litigi.

Una regola fondamentale: non stare mai sulla difensiva, poiché questo tipo di vampiro emotivo si nutre di essa. Affronta direttamente e con gratitudine qualsiasi critica fuori posto che ti viene posta: lo spiazzerai. Agli atti di immotivata maleducazione bisogna sempre rispondere con atti di immotivata gentilezza, per quanto difficile possa essere.

Il tipo diviso a metà

Questa tipologia di vampiro emotivo è la più subdola in assoluto: il *tipo diviso a metà* è colui che un giorno si comporta come il tuo migliore amico e il giorno successivo come il tuo peggior nemico. Questo vampiro emotivo agisce come se fosse realmente tuo amico fino a quando gli puoi essere utile, per poi eliminarti appena percepisce anche un minimo cambiamento della tua opinione nei suoi confronti.

Questo tipo ha spesso problemi di autocontrollo e può passare dalla calma alla rabbia furiosa quasi istantaneamente, senza alcun apparente motivo. Avere a che fare con un vampiro diviso a metà assomiglia, il più delle volte, a tentare di camminare su dei carboni ardenti o ad andare sulle montagne russe. Questo vampiro è davvero imprevedibile: non puoi mai sapere che cosa potrebbe fare o dire nei successivi cinque minuti. Per alcuni minuti potrebbe comportarsi come il tuo migliore amico, sempre pronto a supportarti; poi, nemmeno cinque minuti dopo, potrebbe cambiare completamente idea e trattarti come se fossi il suo peggior nemico, anche solo per una tua battuta sulla sua persona. Dopo altri cinque minuti, potrebbe tornare nuovamente il tuo migliore amico. Non c'è mai da stare tranquilli con questo tipo di vampiro emotivo.

Questo fatto implica che tu debba essere costantemente sull'attenti, chiedendoti che cosa potrebbe accadere da un momento all'altro, quando la sua personalità cambierà nuovamente. Se dovesse accadere, ti ritroverai in poco tempo in una posizione scomoda: il tipo diviso a metà terrà conto di tutto ciò che avrai fatto o detto; tu, d'altro canto, potresti sentirti solo uno strumento per regolarizzare i suoi repentini cambiamenti d'umore.

Inoltre, a complicare ulteriormente il vostro rapporto, subentra il piacere che questo vampiro emotivo riesce a ricavare dal tuo riflettere: quando lui si arrabbia con te, tu, da persona ragionevole, rifletti su che cosa possa o meno averlo fatto adirare. Il vampiro diviso a metà sembra provare un sadistico piacere per il tuo incessante chiederti che cosa hai fatto di sbagliato e adora vedere il disagio, soprattutto la vergogna, negli occhi altrui.

Come riconoscerlo?
I segnali più evidenti per riconoscere questa tipologia di vampiro emotivo sono i drastici cambiamenti alla base del suo comportamento. La maggior parte delle volte finirai per chiederti che cosa tu abbia combinato di sbagliato per aver causato una tale reazione; sarà

altrettanto probabile che lui non ti dica alcunché del proprio stato d'animo, poiché non si sente obbligato a farti sapere fatti di sé.

Il più delle volte il tipo diviso a metà mostra una spiccata propensione nel provare rabbia e odio verso gli altri ed è impossibile che si scusi con qualcuno per un suo comportamento offensivo. Dopotutto, sostiene di avere sempre e costantemente ragione.

Come evitarlo?
Un modo efficace per allontanare questo vampiro emotivo è mantenere le distanze, specialmente se ti sembra di essere in un periodo particolarmente nervoso. Sarebbe una perdita di tempo cercare di avere a che fare con lui in queste circostanze.

Se ti sembra particolarmente su di giri e arrabbiato, chiarisci subito che tornerai ad avere un rapporto civile e tranquillo con lui solo quando si sarà calmato. Nel caso in cui non dovesse accettare questo tuo ragionamento, potrebbe iniziare una piccola battaglia con te, composta di subdoli attacchi verbali e non verbali: lascia che ciò accada. Devi mostrare, per quanto possa essere difficile, che sei inattaccabile.

Se dovesse accadere l'opposto – ovvero che il vampiro accetti la tua richiesta di tranquillizzarsi – ricaverebbe comunque piacere dal tuo disagio. Dunque, mostrandoti forte e sicuro di te, gli causerai indubbiamente qualche scompenso emotivo. Se è una persona abituata a comportarsi in questa maniera, gli sembrerà un grosso affronto e rimarrà stupefatta da questo tuo gesto.

Se questo tipo di vampiro è un componente della tua cerchia di amici o un tuo familiare, assicurati che altre persone non vengano coinvolte nel conflitto. Se dovessero intervenire e prendere una posizione, il vampiro diviso a metà potrebbe manipolare a suo piacimento i fatti e porre tutti contro di te; altrettanto potrebbe fare con te, facendoti apparire come il "cattivo" della situazione. Mantieni sempre il controllo e assicurati che ciò non accada: non permettere a questo vampiro di rovinare le tue altre, innumerevoli, sane relazioni.

Cercando di riassumere ciò che è stato detto finora, teniamo in mente questi pratici consigli, utili per evitare che i vampiri emotivi risucchino la nostra positività:

Poni sempre dei limiti e, soprattutto, esponi la tua convinzione al vampiro emotivo: devi fargli comprendere che non sarai più sottomesso alle sue macchinazioni e manipolazioni, e che le sue azioni sono da te considerate come tali, che lui ne sia o meno consapevole.

Non cambiare idea. Hai deciso, dopo tempo e sofferenza, di escludere un vampiro emotivo dalla tua vita? Cercarlo per fare due chiacchiere un paio di settimane dopo è totalmente sbagliato. Se dovessi comportarti così, il vampiro emotivo avrebbe un'idea di te confusa, ti guarderebbe come una persona debole e instabile emotivamente, quindi più facile da manipolare, vulnerabile ai suoi attacchi.

Mai dare idea al vampiro emotivo che tu sia una sua preda: devi essere forte, combattivo e razionale. I vampiri emotivi, come abbiamo visto, si nutrono emotivamente di persone più deboli e fragili di loro, che hanno problemi di insicurezza e di autostima. Un buon modo per fronteggiare i vampiri emotivi è lavorare su te stesso, sul tuo percorso come persona e sulla tua crescita personale: avrai come scudo te stesso e questa è la migliore difesa che tu possa avere.

Lavora sul controllo delle tue emozioni. Come abbiamo visto, dominare e controllare le tue emozioni ti renderà sempre più forte di tutti gli stimoli esterni: sarai solo e sempre tu il vero difensore di te stesso. Solitamente, i problemi diventano più grandi quando reagiamo in maniera esagerata o catastrofica: bisogna sempre razionalizzare internamente quello che ci accade e definirlo. Proprio come riesci a gestire le tue emozioni, riuscirai a gestire il vampiro emotivo presente nella tua vita: semplicemente controllando le tue reazioni e gestendo le tue emozioni. La vita è decisamente troppo breve per lasciare che queste persone la rovinino: circondati di chi riesce davvero a supportarti ed è felici dei tuoi traguardi; così facendo anche la tua salute mentale gioverà di queste influenze positive.

Come riuscire a connettersi con gli altri (anche se hanno un'intelligenza emotiva diversa dalla tua)

Nel capitolo precedente abbiamo approfondito come definire, riconoscere ed evitare le persone negative che si aggirano quotidianamente intorno a noi. Che cosa fare con le persone che hanno un'influenza positiva sulle nostre vite, ma con le quali non siamo sicuri di rapportarci al meglio?

Prendiamo un semplice e pratico esempio per comprendere al meglio la situazione: Chiara e Alessia, entrambe neomamme, si conoscono a un corso part-time di cucito. Per un progetto sono accoppiate insieme e, sin da subito, scatta una piccola scintilla tra loro: vanno molto d'accordo e riescono a capirsi con piccoli gesti, con delle semplici occhiate, come se si conoscessero da tempo immemore.

È legittimo chiedersi ora che cosa sia accaduto per permettere a quella piccola scintilla di scoccare. La risposta è semplice: le due donne hanno un'intelligenza emotiva molto simile. È per questo che si sono trovate pienamente a loro agio insieme. Un'altra probabile spiegazione è che le due donne abbiano vissuto, sperimentato e analizzato loro stesse per permettere alla loro intelligenza emotiva di sbocciare pienamente.

Ti sarà certamente capitato di parlare con qualcuno che sembra far parte della tua vita da un decennio invece che da una sola mezz'ora. Ciò significa che tu e quella persona avete un'intelligenza emotiva simile e molto alta. È tale abilità che vi permette di essere aperti, socievoli, riflessivi e comprensivi di rimando.

Se ciò non dovesse accadere appena conosci qualcuno, non significa necessariamente che non sei compatibile con quella persona: bisogna saper lavorare sulla nostra abilità, rapportandola alle altre persone. Se hai saputo lavorare duramente per accrescere e rafforzare la tua intelligenza emotiva, questo ulteriore passo potrà solo incrementarla e migliorarla ulteriormente.

Lascia sempre dello spazio alla persona che hai davanti. Ciò non implica necessariamente che tu debba stare in un angolo, in silenzio o spiccicando qualche monosillabo qua e là. Avrai capito che le persone con un'alta intelligenza emotiva sanno percepire quando è il loro turno per parlare, perché sentono davvero ciò che dicono gli altri. Parlare e conoscere una persona dotata di un'intelligenza emotiva diversa dalla tua significa assecondarla, lasciarle spazio e concentrarsi su ciò che realmente dice. Mostrati sempre volenteroso di ascoltare i racconti altrui e rispondi di conseguenza. Permettere a un'altra persona di aprirsi e confrontarsi con te significa rispettarla, cercare di capirla; invece di creare una connessione univoca si crea una connessione a due.

L'altra persona non ti sembra avere le tue stesse idee? Il vecchio te, un tempo, avrebbe storto il naso e lasciato cadere, educatamente, la conversazione; il nuovo te, invece, che cosa fa? Anche se non andrai d'accordo con quanto detto dal tuo interlocutore, il tuo nuovo te, dotato di intelligenza emotiva, si impegnerà affinché la conversazione sia il più possibile civile ed educata. Cercherai un terreno comune di incontro e farai uno sforzo per essere giusto e gentile. Mantenere una discussione cordiale ti aiuterà ad aggiungere sempre più influenze positive alla tua vita.

La difficoltà a interagire con le persone risiede in un unico, fondamentale fattore: capirle. Molto spesso non comprendiamo le persone che ci sono accanto o che conosciamo durante la vita perché ci rifiutiamo di capirle. Un'abilità compresa nell'intelligenza emotiva è sicuramente quella di saper leggere tra le righe: capire ciò che l'altra persona ci sta dicendo, senza usare le parole, con i gesti e gli sguardi, e interpretare correttamente queste emozioni sotterranee. Le persone dotate di intelligenza emotiva sanno capire ciò che l'altra persona potrebbe lasciare di non detto e riescono a consigliare abilmente conoscenti ed amici.

Parte dell'intelligenza emotiva è costituita dall'empatia, dall'essere presenti con l'altra persona. Quando affini questa abilità, diventi sempre più bravo a leggere gli altri e a intuire di cosa hanno realmente bisogno. Se sei in grado di dire quando una pacca sulle spalle o una carezza è appropriata per una persona e quando non lo è, significa che sei realmente in connessione con quella persona. Parte della nostra intelligenza emotiva risiede nel trovare il buono anche nelle avversità: mantenere una visione positiva di ciò che ci circonda ci rende individui migliori, ci permette di migliorare noi stessi. Non lasciare mai che qualcosa riesca a buttarti giù definitivamente e soffochi i tuoi istinti alla resistenza: attraversare il cammino della vita con una mentalità e un atteggiamento positivi, aiuta a raggiungere obiettivi che probabilmente non riusciresti a ottenere con una mentalità cinica e disincantata.

Per esempio: hai appena perso il lavoro e la tua unica idea è quella di passare tutto il giorno a letto, a rimuginare su ciò che è stato. Questo non è l'atteggiamento giusto: una persona dotata di intelligenza emotiva sa come trasformare gli stimoli negativi in positivi; in una situazione del genere probabilmente farebbe immediatamente domanda per altri posti di lavoro. La capacità di auto-motivarsi e di sviluppare voglia di accrescimento per ciò che ci circonda è il terreno fertile dell'intelligenza emotiva. La capacità di auto-motivazione diventa particolarmente utile in situazioni difficili, quando la vita non va secondo i piani.

Impara a circondarti di persone che sappiano e applichino l'umiltà nella loro vita. Molte persone, oggigiorno, vedono l'essere umili come un segno di debolezza: non c'è niente di più sbagliato. Le persone dotate di intelligenza emotiva apprezzano l'umiltà e, quando si trovano di fronte a critiche, sono pronti ad accettarle, usandole come validi strumenti di crescita. Essere umili non significa mancare di fiducia in se stessi o peccare di eccessiva sfiducia; piuttosto, essere umili implica riconoscere che, non potendo essere a conoscenza di tutto, siamo disposti a imparare dagli altri.

Le persone dotate di intelligenza emotiva non si pongono la perfezione come obiettivo, perché sanno che non esiste. Per nostra stessa natura, noi esseri umani siamo imperfetti. Se la perfezione è il tuo obiettivo principale, dopo qualsiasi conquista o traguardo, verrai sempre pervaso da un fastidioso senso di fallimento, che ti farà venire voglia di rinunciare o ridurre i tuoi sforzi per le tue conquiste. Una persona emotivamente non intelligente passa il tempo a lamentarsi di ciò che non è riuscito a realizzare o di quello che avrebbe dovuto fare diversamente, invece di andare avanti; la persona dotata di intelligenza emotiva è invece entusiasta di ciò che ha raggiunto e di ciò che potrà potenzialmente realizzare nel suo futuro.

Le persone intorno a te dicono molto: a volte sanno raccontare della tua persona più di quanto potrai mai fare tu. Guardati intorno: se sei dotato di intelligenza emotiva hai la capacità di far sentire gli altri calmi e accettati in tua presenza. Quando si trovano intorno a te, si sentono come se potessero dire qualsiasi cosa senza che li giudicherai per quello che hanno fatto; sanno che li ascolterai e che fornirai loro pensieri e pareri costruttivi.

Tu non lo fai per arricchimento sociale e crescita personale. Ti piace davvero connetterti profondamente con le persone, che siano i tuoi amici o la tua famiglia, addirittura conoscenti appena incontrati che ti raccontano e illustrano ciò che accade nella loro vita. Se due persone emotivamente intelligenti sono accomunate da un rapporto di amicizia o di amore, la loro unione sarà sicuramente più sana ed equilibrata della media.

Un amico dotato di intelligenza emotiva ricorderà ciò che accade nella tua vita; tu farai lo stesso con lui. Inoltre, una coppia di amici dotati di intelligenza emotiva sa come comunicare al meglio per riuscire a non avere alcuna incomprensione nel proprio rapporto. Molti rapporti al giorno d'oggi si deteriorano per mancanza di comunicazione: a causa di incomprensioni e malintesi le persone preferiscono rimanere arroccate sulle proprie convinzioni, difficilmente tendono ad aprirsi e ad accettare il fatto che potrebbero essersi sbagliate o che potrebbero semplicemente non avere ragione. Due persone che hanno saputo coltivare e allenare la propria intelligenza emotiva sapranno al meglio come comunicare e risolvere eventuali conflitti, come poter evitare dissapori e attriti.

Una persona dotata di intelligenza emotiva utilizzerà sicuramente delle accortezze quando farà una nuova conoscenza: cercherà di metterla particolarmente a suo agio, le farà domande sulla sua persona e saprà settare il suo comportamento in base a chi si trova davanti e al contesto in cui sono inseriti. Se è un nuovo collega, il suo comportamento sarà gentile ma sicuro; se la nuova ragazza di un caro amico, cercherà di metterla a suo agio il più possibile.

L'idea che hai di te stesso dirà molto a coloro che ti circondano: le persone con un'alta intelligenza emotiva sanno naturalmente come apparire simpatiche agli altri, sono cordiali e i loro consigli risultano essere i più ambiti. Sono persone in pace con sé stesse e totalmente rilassate verso il mondo. Attenzione, essere rilassati non significa essere menefreghisti. Queste persone sanno quello a cui aspirano, quello che sono realmente e quello in cui credono. Oggi è molto facile lasciarsi trasportare dalle vite degli altri, visioni che ci appaiono cristalline e invidiabili, ma la vera ricchezza è una questione molto più banale: sapere chi siamo e che cosa vogliamo.

Come creare profonde relazioni con le altre persone

Negli ultimi due capitoli andremo ad analizzare insieme come costruire, in età adulta, relazioni profonde e connessioni con gli altri, che siano il più possibile durature e significative.

In un momento di particolare e immensa tristezza, come la morte di un parente, gli amici ti stanno accanto senza dirti nulla. In un momento di immensa gioia, come aver ottenuto il lavoro della tua vita, gli amici arrivano a casa tua per festeggiare questo nuovo traguardo con del vino. Non sai se lasciare la tua città per trasferirti in una nuova e ti tormenti nella confusione: il tuo amico saprà consigliarti, suggerirti che cosa è meglio per te. Dopo anni di convivenza, tu e il tuo partner decidete di lasciarvi di comune accordo, ma sei comunque devastato emotivamente: i tuoi amici ti consolano, cercando di farti capire che non sempre tutto è perduto. Il giorno del tuo matrimonio, una delle giornate più felici della tua vita, i tuoi amici si riuniscono al tuo tavolo per brindare alla tua unione e alla tua felicità.

Le amicizie sono importanti e arricchiscono la nostra vita in molti, sfaccettati e diversi modi. Allo stesso tempo, al giorno d'oggi diamo l'amicizia molto per

101

scontata: pensiamoci un attimo, conosciamo qualcuno che non abbia almeno un amico? Probabilmente no. Avere amici e creare amicizie è essenziale, è una parte fondamentale di ciò che siamo in quanto esseri umani. Può essere facile però trascurare le amicizie, quando il caos della vita prende il sopravvento.

In quanto creature profondamente sociali, sia per biologia che per ragioni storiche, culturali, economiche ed antropologiche, il collegamento con gli altri ci aiuta a essere più in salute, felici, allegri e persino a vivere più a lungo. Come dicevamo, sviluppare amicizie richiede un grande impegno e uno sforzo costante. A volte, la vita si mette in mezzo, e ci dimentichiamo compleanni e occasioni importanti, i nostri amici cominciano a metterci in secondo piano rispetto al lavoro, la famiglia e le altre priorità. Proprio come con il lavoro e la famiglia, devi investire il tuo tempo nel coltivare le amicizie passate e future, così come per qualsiasi altra area della tua vita.

Infatti, cos'è che recriminiamo di più ai nostri amici? Il non essersi impegnati abbastanza. Quando un nostro amico decide di allontanarsi da noi e smette di coltivare la relazione, ecco che tutti gli innumerevoli piccoli momenti di connessione vengono calpestati, e la nostra reazione è quella di una persona delusa e ferita.

Dunque, dobbiamo ascoltare i problemi altrui, anche se in quel momento probabilmente preferiremmo parlare di argomenti divertenti; dobbiamo fare uno sforzo per le persone che sono intorno a noi, anche quando siamo impegnati e stressati dalla nostra vita quotidiana.

Insomma, a volte, invece di dare la priorità a noi stessi, dovremmo lasciar perdere questo istinto egoistico e individualista e scegliere di dare priorità agli altri; altre volte, dovremmo far sì che siano loro a scegliere noi. Proprio perché le amicizie funzionano come le relazioni amorose, hanno bisogno di equilibrio. Non intendiamo che dovreste fare tutto in simbiosi con l'altro, ma che entrambi dovete sapere e sentire che state apportando in egual misura energia, equilibrio e ragionevolezza nel vostro rapporto, magari in maniera diversa, ma entrambi allo stesso modo.

Ci saranno sicuramente dei periodi in cui uno dei due sarà propenso a dare piuttosto che a ricevere. Dopo la fine di una storia d'amore o al termine di una brutta giornata lavorativa, potremmo aver bisogno più del solito del supporto dei nostri amici.

Una parola di enorme importanza, nel grande e multicolore calderone dell'amicizia, è intenzionalità. Con questa parola intendiamo lo sforzo consapevole che fa un individuo per creare lo spazio necessario a una vera e significativa connessione. Quando crei lo spazio per qualcuno nella tua vita, significa che sei pronto ad accoglierlo: non ci sono manipolazioni e macchinazioni; le vere e significative connessioni non possono essere costrette da fattori esterni.

Ci si può impegnare per costruire un ambiente favorevole, affinché si creino le condizioni necessarie, e invitare nuove persone a occuparlo: quando siamo piccoli non dobbiamo sforzarci molto affinché questo spazio si costituisca; tutto ciò avviene molto naturalmente, in ambienti sempre a stretto contatto con gli altri (come gite scolastiche o uscite con gli scout in campeggio).

Ora, quella voglia di conoscenza verso l'altro non può avvenire senza un minimo di intenzionalità. Quello che intendiamo con intenzionalità è, per esempio, mandare un messaggio a qualcuno per sapere come sta, augurargli buon compleanno, regalare un biglietto per il concerto dell'artista preferito, invitarlo a cena a casa tua o andare insieme a sperimentare quel nuovo locale messicano che ha appena aperto. A volte, questa intenzionalità si manifesta in modi molto semplici ed efficaci, come rimanere tutta la sera a casa del tuo amico e non controllare il telefono nemmeno per vedere se è arrivato qualche messaggio.

Una saggia frase dice: alcune persone ti parlano solo nel loro tempo libero, altre persone si impegnano per utilizzare il loro tempo libero per te. La grande differenza tra i due atteggiamenti risiede nell'intenzionalità, tra ciò che ci conviene fare e ciò che invece è solo più comodo fare. Non è sempre facile rinunciare a determinate cose per passare del tempo con una persona, ma è uno sforzo che dovremmo sempre apprezzare e ricambiare.

Quando cerchi di fare qualcosa di veramente intenzionale, c'è sempre in mezzo un'alta componente di rischio: l'amicizia potrebbe non decollare o l'altra persona potrebbe non capire e accettare i tuoi gesti. Per riuscire a instaurare un rapporto, devi essere disposto a sopportare l'imbarazzo, affrontare l'incertezza e la possibilità di rifiuto, perché i rifiuti esistono in amicizia come in amore. Senza tutte queste componenti, l'amicizia non vedrà mai la possibilità di crescere.

Devi fare un passo fondamentale: devi creare dello spazio affinché l'amicizia possa nascere e poi riuscire a crescere rigogliosa. Potresti vedere tutto ciò come un atto di gentilezza e umanità sconsiderato e immotivato, ad alto rischio, quasi un atto di fede: dedicare il tuo tempo e il tuo impegno a qualcuno non necessariamente perché siete già grandi amici, ma perché credi e confidi nel fatto che quel rapporto un giorno potrebbe diventare una grande amicizia.

Le persone, a volte, sono compatibili a noi, alla nostra vita e soprattutto alle nostre scelte di vita solo per un po'; fanno parte della nostra vita solo per un breve periodo di tempo. Altri amici hanno, invece, un innato potenziale per far parte della nostra vita a lungo termine e crescere con noi mentre tutto cambia.

Un modo per mantenere forti le amicizie, di qualsiasi livello siano, è nutrirle attivamente, come faremmo con una pianta del nostro giardino. Alcune amicizie nascono più facilmente di altre e nutrirle non è affatto difficile come compito. Altre, invece, richiedono più pensiero, sforzo e azione. Impegnarsi per un'amicizia non significa che l'altra persona non sia adatta a te, ma più semplicemente che la tua amicizia è diversa e che devi lavorare per mantenerla forte e duratura.
Come riuscire a incrementare la possibilità di stringere nuove amicizie e di consolidare quelle di lunga data?

1. *Prova ad avere delle conversazioni significative*

Oltre a parlare del meteo, della nuova puntata della tua serie tv preferita, di sport o di politica, considera di abbassare la guarda di tanto in tanto. Parla di quello che vorresti fare nella vita, di quello che pensavi di voler fare quando eri più giovane; parla di come ti sei sentito quando quella prestigiosa università non ha accettato la tua domanda di ammissione, del rapporto con i tuoi genitori o del genitore che vorresti essere. Ovviamente, dovrai equilibrare le conversazioni superficiali e quelle significative, ma saranno le ultime ad approfondire e accrescere davvero la tua amicizia. Solo tramite queste riuscirai a essere felice con te stesso nell'ammettere che hai realmente un rapporto con qualcuno.

2. *Condividi sempre te stesso*

Ciò significa parlare delle tue ansie, preoccupazioni, speranze e sogni, dei tuoi sentimenti. Non avere paura di niente, non vergognarti mai di come potresti apparire agli occhi degli altri. Magari è proprio la persona che ti sta di fronte a vergognarsi per prima; il fatto che tu ti lasci andare a delle confessioni a cuore aperto potrebbe aiutarla a fare lo stesso. Qualunque sia l'occasione, se c'è l'opportunità di poter parlare con qualcuno, perché non farlo? Dopo aver raccontato un po' di te stesso, ti sentirai automaticamente meglio.

3. *Fai favori agli altri e lascia che gli altri facciano cose carine e gentili per te*

Gli studi dimostrano che quando fai qualcosa di carino per qualcuno, specialmente se d'impulso, finirai per piacergli di più. Proprio così! Inoltre, la persona che fa il favore, si sentirà più vicina alla persona che riceve il favore. Quando facciamo del nostro meglio per qualcun altro, le nostre menti pensano: "Ho fatto questa cosa carina che non dovevo fare, quindi questa persona deve valere lo sforzo". Fai il possibile per riuscire a fare visita a un amico in ospedale, aiuta un amico a trasferirsi in una nuova casa, offri un bicchiere di vino all'amico che festeggia il suo nuovo lavoro, resta sveglio fino a tardi aiutando la tua amica a esercitarsi per una presentazione.

4. *Fingi, fai finta che siate già amici*

Facendo finta che siate già amici da un po' di tempo, diventerete automaticamente più vicini e affiatati. Uno studio ha dimostrato questo importante fattore: è stato richiesto a due estranei di guardarsi negli occhi per diversi minuti; chi lo ha fatto ha riportato successivamente maggiore stima e affetto, rispetto a qualunque altro gruppo di persone.

5. *Essere amici significa anche soffrire assieme: fai qualcosa che ognuno di voi crede che sarà arduo e difficile*

Ciò potrebbe significare proporsi come volontario per parlare a una presentazione, quando entrambi avete paura di parlare in pubblico, oppure allenarsi per la maratona che si tiene annualmente nella vostra città, o ancora fare volontariato per un'associazione o assistere a una lezione universitaria insieme. Quando due persone si trovano ad assistere l'una alla sofferenza dell'altra, la sofferenza approfondisce in maniera profonda e irreversibile la loro connessione. Per quanto possa essere tagliente, questa esperienza è probabilmente quella più viscerale e significativa che due persone potranno mai provare assieme.

6. *Condividete esperienze insieme*

Andate già abitualmente al cinema a vedere film divertenti, che tra un paio di anni avrete dimenticato? Scegliete di fare una nuova attività insieme, come andare a un concerto in un'altra città, praticare un nuovo sport, mangiare in un ristorante prestigioso. Qualunque sia la nuova attività da fare, deve essere nuova per entrambi. La ricorderete con affetto e, proprio per associazione, ricorderete con affetto anche la persona con cui avete condiviso quest'esperienza. Quando una persona diventa una parte fondamentale di molti dei tuoi ricordi, è difficile non sentirsi vicini.

7. *Prendi sempre nota di ciò che accade intorno a te*

Applica questa regola anche alle tue amicizie. Fai caso alle cose a cui è interessato il tuo amico: quel nuovo autore di cui parla, il suo gruppo preferito, il posto dove è andato a mangiare quel venerdì sera dopo il lavoro. Trova dei piccoli modi per dimostrargli che lo ascolti in maniera attiva. Se, camminando per la città, t'imbatti in un poster che pubblicizza l'arrivo del suo gruppo preferito, scatta una foto e inviagliela. Se una sera decidi di andare a cena in un nuovo ristorante e vedi che nel menù è disponibile uno dei suoi piatti preferiti, faglielo sapere e proponigli di cenare lì insieme. Avere qualcuno che ricorda le piccole cose di te è bello e rassicurante: non c'è niente di più bello, a fine giornata, di ricevere un messaggio che ti dice "Questa cosa mi ha ricordato te". Mostra al tuo amico che ti interessano anche le più piccole cose che lo riguardano: si sentirà immediatamente benvoluto e amato.

8. *Insegna ai tuoi amici qualcosa di nuovo*

Le amicizie spesso diventano più forti quando introduci qualcuno a qualcosa di nuovo. Condividere un'abilità o un talento è un modo davvero divertente per far entrare un po' di più un amico nella tua vita. Consentire agli altri di vedere qualcosa in più della tua personalità, farà sì che essi si sentiranno più a loro agio e interessati, spronati a fare lo stesso con te nelle occasioni future. Questo è anche un modo sorprendente per dar loro l'opportunità di mostrarti qualcosa di inaspettato o nascosto su loro stessi: avresti mai pensato che il tuo amico Filippo frequentasse un corso di cucina serale?

Come abbiamo suggerito, potete provare nuove cose assieme: potete iscrivervi a yoga, tennis o a un corso di cucito. Venire catapultati in un gruppo di estranei renderà più facile fare affidamento l'uno sull'altro. Scoprire nuove cose con il tuo amico può essere divertente e interessante: potresti scoprire che lo sport su cui non avresti mai scommesso ti piace un sacco! Frequentandolo insieme, diventerà una vostra unica, piccola e regolare abitudine.

9. *Viaggiate insieme*

Il viaggio potrebbe non essere un'opzione fattibile per tutti, a causa della nostra vita così impegnata, ma è un ottimo modo per rafforzare di più il rapporto. Non è necessario prenotare un viaggio che sorvoli i continenti, qualcosa di costoso e chic; anche solo viaggiare in un posto nuovo può aiutarti a rafforzare il rapporto e ad avvicinarti molto di più ai tuoi amici.

Pianifica un viaggio in campeggio o in una città in cui nessuno di voi è mai stato. Se dovessero presentarsi ostacoli all'orizzonte, potrai risolverli con l'aiuto del tuo amico, del tuo compagno di viaggio; condividere insieme questa nuova esperienza vi renderà molto più uniti e creerà dei bei ricordi per il futuro. Ricorda che non tutte le persone percepiscono le cose alla stessa maniera e viaggiare rende alcuni di noi piuttosto ansiosi. Magari il tuo amico soffre particolarmente il viaggio in macchina. Sii paziente nel caso ci sia qualche piccolo stress inaspettato e cerca di essere sempre gentile e rispettoso nei riguardi degli altri. Comunque andrà, imparerete molto l'uno dall'altro: i viaggi in macchina ti danno l'opportunità perfetta per staccare dalla quotidianità, ascoltando un po' di musica e godendo del panorama e della reciproca compagnia.

Ogni tanto avrai bisogno di prenderti del tempo, di fermarti per pensare. Aspetta un secondo prima di agire troppo rapidamente, dicendo di sì a qualunque evento sociale ti venga proposto. Devi prendere impegni solo se sei felice della proposta che ti viene fatta e se questa ti entusiasma per davvero: perché perdere tempo in qualcosa che potrebbe non apportare alcunché alla tua vita, se non noia o rimorso per non essere rimasto a casa?

Abbi il coraggio di dire "No" ogni tanto, anche quando questo implica deludere qualcuno. Se accetti qualcosa e non riesci a esserne pienamente coinvolto, tutti gli altri partecipanti risentiranno della tua mancanza di voglia. Sii chiaro su ciò che vuoi davvero fare nel tuo tempo libero e tieni un'agenda, in cui tracciare i tuoi impegni.

Essere organizzati è fondamentale per la costruzione della fiducia, sia con la propria famiglia, che con gli amici e i colleghi. L'organizzazione ti consente di prendere una decisione chiara, basandoti sui tuoi impegni, e allo stesso tempo ti rende più facile accettare o meno le richieste degli altri, valutando anche il tuo tempo e la tua energia.

Come costruire una relazione più profonda con il tuo partner

Eccoci arrivati al nostro ultimo, ma non meno importante, argomento: come costruire e mantenere una relazione profonda con il tuo partner. Che sia la tua prima storia d'amore o meno, queste piccole riflessioni fanno sicuramente al caso tuo: in un rapporto a due le questioni in gioco sono tante.

Il passaggio dall'essere single a un rapporto a due è qualcosa che richiede tempo, calma e pazienza. Di tutte le cose nella vita a cui dovrai adeguarti, quella di gran lunga più difficile e che dovrai affrontare al meglio delle tue forze è imparare a comunicare in modo serio, sano ed efficace con il tuo partner. Questo è, ovviamente, assolutamente fattibile, ma potrebbe richiedere un po' di tempo, proprio come per l'intelligenza emotiva. Parti sempre dal presupposto che due persone difficilmente avranno lo stesso modo di comunicare: questo vale anche per te e il tuo partner.

1. *Leggi tra le righe*

Potrebbe sembrare scontato, ma quante volte ti rendi conto di cosa sta provando o pensando la persona di fronte a te? A volte, le parole possono essere usate persino per nascondere le emozioni che proviamo dentro di noi. Potrebbe capitare che il tuo partner ti dica qualcosa e poi che le sue emozioni prevalgano su di lui mostrando tutt'altro, come per esempio un tono di voce più alto o più basso. Notare queste piccole cose implica il dover prendersene cura emotivamente. Quando il tuo partner ti sta raccontando qualcosa, pratica questa forma di attenzione nei suoi confronti e osserva il suo linguaggio del corpo, se quest'ultimo corrisponde alle sue parole.

2. *Le relazioni non sono un dare e ricevere continuamente*

Ogni partner dovrebbe avere il proprio turno in cui dare affetto, sostegno o anche fare piccoli regali. Ciò significa che, alla base di un rapporto, dovrà esserci un forte equilibrio. Questo implica anche che a volte dovrai sorvolare sul tuo volere per fare felice l'altra persona: quando si dice scendere a compromessi. Comunicare con il tuo partner e cercare di avere un territorio comune renderà la tua relazione più sana e positiva.

3. *Scegli attentamente ciò per cui arrabbiarti*

Quando si inizia a convivere, si potrebbero scoprire piccole cose dell'altro che prima ci erano teneva nascoste per paura di giudizi, o per semplice noncuranza. Anche se tu e il tuo partner vi amate moltissimo, potrà accadere che il litigio abbia la meglio sul vostro rapporto: sarà molto difficile vivere senza scontrarsi mai. Indubbiamente ci saranno delle cose del tuo partner che ti daranno fastidio; sarà in quel momento che dovrai decidere se varrà la pena o meno litigare per quel motivo. La relazione potrà mantenersi sana quando verrà risparmiata da litigi futili e le discussioni magari riguarderanno carriera, futuro o figli.

4. *Non siamo tutti perfetti – e nemmeno il tuo partner lo è*

Probabilmente, nella tua visione delle cose, un partner che faccia tutto in maniera romantica, da film, è la base per un futuro felice. Ma la realtà è un'altra: anche se l tuo partner cercasse di sforzarsi per rendere il vostro rapporto il più romantico possibile, potrebbe inciampare in qualche sbaglio e fallire. Ricorda che se ciò dovesse accadere, dovrai essere il più possibile comprensivo. Se dovesse commettere degli sbagli, perdonaglieli. Questo andrà a creare una solida base nel caso in cui dovessero esserci degli errori più grandi nel rapporto in futuro.

5. *Apprezza la vita insieme a un altro essere umano*

Prenditi sempre il tuo tempo per riflettere sulle piccole cose, sia all'inizi della relazione che più avanti. Le relazioni possono essere molto soddisfacenti, e possono farti scoprire qualcosa su te stesso che prima era nascosto. Le relazioni sane e felici sono quelle in cui la persona con cui passi il tuo tempo ti rende una migliore, e dovresti essergliene grato.

Conclusioni

Siamo arrivati alla fine di questo nostro piccolo percorso: un viaggio intorno al mondo sarebbe stato probabilmente più semplice. Sai perché? Perché il nostro io è infinitamente più complesso e problematico di qualsiasi mondo al di fuori di noi. L'uomo non è una macchina perfetta — per fortuna, aggiungiamo noi — e cercare di capire un altro essere umano può diventare la cosa più difficile che farete in un giorno, una settimana o un intero mese. Il cervello umano è multiforme: spesso siamo noi stessi a non volerci fare capire dagli altri, ad allontanarci da loro.

Grazie all'intelligenza emotiva possiamo riuscire ad arginare questi scogli e a evitare che si formino dentro di noi altri ostacoli; riusciremo a essere e a sentirci ancor più vicino agli altri esseri umani che ci circondano e, in modo automatico, quasi involontariamente, comprenderemo noi stessi un po' meglio. Ogni giorno sentiamo qualcuno usare la frase "Mettersi nei panni di". Chiediamoci quanti di noi ci provano, quanti mettono quest'azione in pratica per davvero.

Vedere la stessa situazione da un altro punto di vista, attraverso una diversa lente, espande il tuo mondo, incrementa il tuo rapporto con le persone, e ti fa entrare in profonda connessione con gli altri, te stesso e il mondo intero. Come ci rapportiamo giornalmente al nostro io interiore ha un grande impatto sulle nostre emozioni e sulla nostra salute emotiva: non parleremmo mai a un estraneo come parliamo a noi stessi.

Se ognuno di noi si impegnasse a sviluppare la propria intelligenza emotiva, capisse quanto sono importanti le emozioni e soprattutto quanto è fondamentale fare spazio per esse e gestisse nella maniera migliore le proprie, avremmo probabilmente un mondo migliore. Il fatto che tutto questo non sia ancora accaduto non deve tirarti giù di morale o farti sentire arrabbiato con il prossimo: ricorda che, anche il più piccolo cambiamento, deve partire da noi stessi.

Non possiamo aspettare che gli altri facciano le cose giuste al posto nostro o agiscano per noi. Il tuo compito d'ora in poi sarà quello di essere più accogliente verso gli altri: dovrai scrutare di più il mondo e i suoi abitanti, essere sempre con un occhio sensibile, vigile e attento. Le tue parole d'ordine dovranno essere:

- *Ascolta*: se vuoi comprendere le altre persone;
- *Empatizza*: per capire il loro punto di vista;
- *Rifletti*: per far luce su te stesso e sulle tue emozioni.

Per entrare in reale contatto con il mondo esterno, dovrai acquisire l'abilità di togliere delicatamente gli strati che ti separano dalle altre persone: solo in questo modo potrai realmente capire che cosa provano gli altri e che cosa provi tu.

L'intelligenza emotiva riguarda la comprensione delle emozioni, la realizzazione della loro radice e la capacità di affrontarle, anche se all'apparenza sembrano indistricabili, nel miglior modo possibile. La strada per sviluppare la tua intelligenza emotiva è appena iniziata.

9 788831 448949